勝てる組織の作り方

「機動破壊」から「組織破壊」へ

青柳博文

竹書房

はじめに

健大高崎野球部は、２０２４年の第96回選抜高等学校野球大会で初優勝を果たすことができました。この場をお借りして、ご支援・ご協力をいただきました多くの方々に感謝を申し上げます。

２００２年の創部から22年での日本一。創部当時の苦労の数々は、センバツ優勝を成し遂げたことによって多くのメディアに報じてもらいました。優勝できたからこそ美談として取り上げてもらえましたが、勝っていなければ創部当時の選手たちの苦労が日の目を見ることはなかったでしょう。

私は健大高崎の監督として、生徒たちとともに何度も悔しい思いをしながら、歯を食いしばってチームを作り上げてきました。今回のセンバツでは、歴代のＯＢたちが甲子園球場に駆けつけて、選手たちの快挙を喜んでくれていたのが、私にとって一番のご褒美です。

創部当初は環境も整っておらず私自身も未熟だったため、教員職と野球指導の両立が難しく、大きな不安から夜中にアパートに帰ってひとりでむせび泣いたこともあります。また、野球の道具代や遠征費など、野球部の運営費を補うために個人の出費や借金がかさんで、親に工面してもらったこともありました。最初の5年間は指導者として暗中模索の状態でしたが、プライドを捨てて一日一日に必死で向き合った結果が一点、一勝につながっていきました。

私は決して自分を優秀な監督だとは思っていませんし、立派な人間でもありません。ただ、創部当時から「甲子園出場」「全国制覇」という目標を掲げ、どんな状況でも自分たちの野球部への誇りを忘れずに、勝てる選手、勝てるチーム、勝てる組織を追求してきました。

健大高崎野球部の部訓は、人の和を大切にする「不如人和《ふにょじんわ》」です。「天の時は地の利に如かず 地の利は人の和に如かず」という孟子の言葉で、団結の重要性を説いています。甲子園での優勝は、ひとりで成し遂げられるものではありません。私たちは保護者、学校、後援会、OB会など多くの方々に助けてもらって、日本一を達成することができたのです。

健大高崎の戦いを象徴する戦術スローガンは「機動破壊」です。２０１２年のセンバツから「機動破壊」の旗印を掲げ、機動力を前面に出したアグレッシブかつ斬新な戦いを追求してきました。毎年、選手は変わっていきますが、彼らが歴史のページに刻んでくれた戦いを常にアップデートすることによって、チームは強くなっていきました。よって私にとっては、過去23年間の部員全員が誇りです。

今回のセンバツでも機動力を組み込んだ戦いを実践しましたが、好走塁を随所に披露した一方で、盗塁数はわずかにひとつです。ガムシャラに走る時代から、ゲームの流れを読んで、強《したた》かに走る戦いへと変貌を遂げていきました。変化を恐れず、過去の自分たちを超えようとしたことによって、私たちは全国の頂点に立てた気がしています。

野球同好会から始まった健大高崎野球部が、創部22年で日本一を果たしました。過去の自分、過去のチーム、過去の常識を超えていった場所に栄光が待っていました。今回の書籍のタイトルは「勝てる組織の作り方」です。創部当初からセンバツ優勝までを振り返りながら、私の考えるチームマネジメントや組織論、戦略、指導方針や理念等をお話しできればと思っています。

日本一というひとつの目標は達成しましたが、自分たちを超えていく挑戦は今後も続いていきます。次なる挑戦への証として、この本を記したいと思います。本書が、みなさまにとって何らかの参考になるようでしたら、著者としてこれほどうれしいことはありません。

目次

第2章

日本一への道のり

健大高崎はいかにして甲子園強豪校へと成長していったのか

第3章

野球との出会い

前橋商時代は4番打者としてセンバツに出場

第4章 チーム作りは組織作り

第5章
私の指導論
「正々堂々」「公正公平」を胸にグラウンドに立ち続ける

第1章

野球同好会から野球部へ

健大高崎野球部、創部当初の歩み

ずっと夢だった高校野球の指導者に

私は2002年4月に、健大高崎野球部の監督に就任しました。その前年度（2001年）に「群馬女子短期大学附属高等学校」から「高崎健康福祉大学高崎高等学校」に校名変更となり、女子校から男女共学になっていたのです。

在籍する2・3年生は女子生徒だけで、共学1期生の男子生徒は40人。3学年全体で約1500人の生徒がいた中で、男子はとても肩身の狭い存在だったと思います。「群馬女子短大附属高校」時代から、女子バレーボール部や女子陸上部などが強豪で部活動は盛んでしたが、男子が入部できる部活はありませんでした。

共学1年目に入学してきた倉持雄太（現・高崎健康福祉大附属幼稚園職員兼野球部OB会長）が、クラスメイトを誘って野球同好会をスタートさせたと聞きました。倉持は2クラスに分かれていた男子生徒40人全員に声をかけて、中学野球経験者4人、未経験者16人の計20人を集めていたのです。

倉持はのちに初代キャプテンになるのですが、彼の行動力がなければ健大高崎野球部が誕生していたかどうかはわかりませんし、時期がズレていれば私に監督の声がかかることもなかったでしょう。「野球がしたい」という生徒たちの純粋な思いが、健大高崎野球部の原点なのです。

私は、同好会から野球部になる2年目に、教員として採用されて監督を任されました。当時の健大高崎の宮川清校長と、母校・前橋商時代の私の恩師・東野威先生が知り合いで「共学になった健大高崎が野球部の監督を探している」という話をいただきました。東野先生から電話をいただいたのが、新年度が始まる直前の年明け2月中旬だったと思います。

私は当時、地元・中之条町にある久住《くすみ》土建株式会社という総合建設会社で総務の仕事をやっていたのですが、以前から高校野球の指導をしたいという気持ちがあり、健大高崎の面接を受けることになりました。前橋商を卒業したあと東北福祉大へ進学した際に、野球をやりながら地歴・公民の免許を取っていたことが役立つことになりました。

ただ、教員として地歴・公民や社会福祉基礎の授業を持つことが条件だったので、不安があったのも確かです。学校は、野球部専任監督を探していたのではなく、野球も指導できる教員を探していたのです。福祉の授業を受け持つために、野球の指導をしながら大学に通って資格を取ることも条件でした。

面接のときに「今後は同好会から野球部に移行するが、グラウンドはなく予算もほとんど取れない」という内情も聞いていました。でも、私にとってはチャンスでした。大学卒業時に県立の教員試験を受けたのですが不合格で、企業で働きながら社会人野球に携わってきました。その間「いつかは高校野球の指導者に！」という夢を失うことはありませんでした。

人生は一度きりです。30歳を迎えて自分の将来を考えたときに、指導者になれるのはこれが最後の機会だと私は思いました。突然の転職となりましたが、会社には事情を説明して快く応じていただき、晴れて教員として健大高崎野球部を任されることになったのです。

最初のミーティングで7、8人が退部

2002年4月、健大高崎野球部監督として、最初のミーティングを学校の教室で開きました。そこで初めて、同好会からの選手たちと顔を合わせました。名前だけ在籍している生徒もいたので、その場にいたのは全部で15人くらいだったでしょうか。前年度まで、遊びの延長で野球をやっていた生徒たちにとっては「どんな監督が来るんだろう」という感じだったと思います。

ヤンチャな生徒たちもいたので、最初が肝心だと考えた私は「去年までは同好会で遊びの延長だったかもしれないが、これからは本気で甲子園を目指して厳しく練習をやっていくぞ。夢を叶えるために、みんなで頑張っていこう」と話しました。その言葉によって選手たちが奮い立つのかと思いきや、ひと段落ついたときに生徒3人が席を立って教室から出ていってしまいました。

ここで怯んではいけないと思った私は、それでも熱く語りかけました。前橋商時代のセンバツ甲子園出場の話などをしたあとに「甲子園を目指すには長髪ではいけない。野球部員らしく丸刈りにしてこい」と伝えました。

現在は、丸刈りではない野球部もあちこちで見受けられるようになりましたが、20年以上前はそれが野球部の〝常識〟でした。母体は同好会といえども野球がやりたい生徒たちなので、みんなで丸刈りにすれば気持ちがひとつになると勝手に考えていましたが、丸刈りと聞いた瞬間さらに4、5人が退部を申し出てきました。しかし、高校野球の指導をするからには甲子園を目指さなければ意味がないと思い、一切の妥協をしませんでした。

私は、本気でチャレンジすることの意味を伝えたかったのです。2年生はずいぶん減ってしまいましたが、入学式が終わって1年生7人が加わり、10数人での練習が始まりました。驚いたのは、大半の選手が野球の練習着を持っておらず、ジャージでグラウンドに出てきたことです。ほとんどが野球初心者でした。

こうして私は弱小野球部の監督になったのですが、自分の中には「10年で甲子園出場」「20年で甲子園常連校」「30年で全国制覇」というビジョンがありました。周囲からは実現性のない夢物語だと笑われましたが、目標を持たなければ自分自身の〝現在地〟が把握できません。生徒が次々に辞めていきグラウンドもない状況でしたが、甲子園という場所はどんなことがあってもなくなりません。

甲子園出場という夢が、何の実績もない未熟な監督に大きな力を与えてくれました。

夏の甲子園出場は原則各県1校ですが、甲子園出場を目標にすることや「全国制覇」を目指すことは、どの学校でも可能です。実現するかどうかは別にして、夢を持つことは誰にとっても平等なのです。

グラウンドの草刈りと石拾いから始まった練習

最初の練習は、グラウンドの草刈りと石拾いでした。野球部に割り当てられたスペースは、テニスコートほどの広さの空き地で、ダイヤモンド（内野）を確保することもできません。とてもではないですが、グラウンドと呼べる場所などではなく、雑草が生い茂る単なる荒地でした。前年度から生徒たちが少しずつ整備をしてくれていたのですが、十分ではありません。草刈りと石拾いを地道に続けていって、やっとキャッチボールやトスバッティングができるスペースを確保することができました。

もともとは女子校だったので、男子が使える部室もなく着替える場所すらありませんでした。私自身は高校から大学、社会人までグラウンドが普通に整備されている環境でプレーしてきたので、グラウンドを〝開拓〟するのは初めての経験です。虫に刺されながら、グラウンドがあるのは当たり前ではないということを実感しました。当時は、野球部の予算もほぼないに等しかったので、自分の給料でバットやボールを買うなどして工面していました。

当初は10数名でスタートしたチームですが、部員は日を追うごとに減っていきました。部員たちにも温度差があったのです。真剣に野球をやりたい選手もいれば、遊び感覚の選手もいました。初代キャプテンに指名した倉持たちは厳しい練習を受け入れてくれたのですが、そうではない選手もいたので厳しくすればするほど部員は減っていきます。当時は、どこにラインを引けばいいのか悩みましたが、高いレベルを求めている選手がいる限り、ハードルは絶対に下げてはいけないと私は考えていました。

生徒たちの振る舞いから学んだこともあります。共学になったばかりの学校だったため、男子トイレが限られた場所にしかなく、私たち教員も生徒と一緒のトイレを使用していた時期がありました。私がトイレの個室で考え事をしていたら、そこに部員たちが入ってきて練習の話を始めました。そして「練習が厳しすぎる」「だるい」「もうやってられない」「いつ部活を辞めるか」などという会話が聞こえてきました。部員たちのリアルな本音を聞いて、悲しくて涙がこぼれました。

KENDAI
TAKASAKI

「壁に耳あり　障子に目あり」ということわざがありますが、その〝事件〟から、どんな場所でも悪口や愚痴は言うべきではないと教えられました。私は楽観的な性格なので、それまでもあまり愚痴は言わなかったのですが、あの事件以降は自分への戒めとして心に刻んでいます。

選手たちからの悪口や愚痴を聞いたからといって、私は練習でまったく妥協することはなく、涼しい顔で生徒たちを鍛え上げていきました。

大会直前に数人が背番号剝奪
——公式戦初戦は0対12のコールド負け

健大高崎野球部は、私が監督となった2002年春に高野連への加入が認められて、夏の群馬大会に初出場することが決まっていました。どんどん部員が減っていく中で、このままでは夏の大会に単独出場できないかもしれない、という不安に駆られながらも私は信念を貫きました。

大会での最初の目標は「コールド負けをしない」。私は、現役時代の伝手《つて》を利用して群馬県内のチームに練習試合を申し込み、胸を借りに出掛けました。週末に練習試合を組んでいましたが、最初の2か月間は負けっぱなしでした。ピッチャーはストライクが入らず、守備では簡単な内野ゴロもアウトにできません。集中力の切れた外野手が、守りながらその場に座り込んでしまうようなこともありました。さらには、相手にひどい野次を飛ばしたり文句を言ってしまったりする選手もいて、私は頭を下げて謝り続けました。

そんな状態ですから、練習試合を組むのをやめたいと思ったこともありました。でも練習試合を断るのは簡単ですが、そうすると選手が成長する機会をなくしてしまうことになります。それに、私自身が相手校のチームや監督から学ばせていただく機会も失ってしまいます。

対戦相手に迷惑をかけることが多かったのですが、それでも私は選手たちの成長を信じたかったのです。逃げるのは楽ですが、自分は高校野球の監督になるために前の仕事を辞めましたし、教員だけをやっていたら健大高崎に来た意味がありません。この頃は、生徒との我慢比べのような状態だったのをよく覚えています。

就任1年目には、恩師の東野先生が高崎東にいたので、合同練習などで何度も面倒を見ていただきましたし、前橋商の後輩にあたる住吉信篤監督（現・前橋商監督）が高崎商にいたのでよく助けてもらいました。自分たちのグラウンドがない中で、群馬県内のチームには本当にお世話になりました。

練習試合の最初の勝利は、忘れもしない6月1日でした。なぜ覚えているかといえば、その日が私の31歳の誕生日だったからです。連戦連敗を乗り越えての記念すべき初勝利だったので、私は試合後に選手たちに焼肉をご馳走しました。あのときに勝利することの喜びと、1勝することの難しさを知りました。それまでは厳しい練習が結果に結びついていなかったので、選手のモチベーションが上がっていきませんでした。初めての勝利をつかんだことによって、私はチームが良い方向に変わっていくことを強く信じていました。

しかし、その淡い期待は裏切られることになりました。練習試合の初勝利直後に、選手数人が学校生活で問題を起こし、背番号剝奪となったのです。初めての夏大会に向けて選手登録をしていた中で、欠番が生じることになってしまいました。

ただでさえ選手が少ないのに、数人が部活動謹慎処分を受けて、怪我での離脱者もいたことによって、さらに難しい状況下で初の群馬大会に向かうことになったのです。残った選手で臨んだ最初の公式戦は、初戦の2回戦で前橋東に敗れました。1年生のピッチャー・田村公一が、4回まで1失点に抑えて前半は0対1の拮抗した展開でした。しかし、5回から失点が重なってしまい、結果的には0対12の7回コールド負けに終わったのです。

健大高崎の初陣では、勝つことも「コールド負けをしない」という目標を達成することもできませんでした。しかし、本格的な練習を始めてたった3か月半の選手たちが、全力疾走や全力発声など練習で取り組んできたことのすべてをやりきってくれました。1・2年生だけのチームですからこれで引退ではないのに、試合後に選手たちが悔し涙を流していたのも、私にとってはひとつの大きな収穫でした。

頭を下げて練習試合を組んだ日々
——選手たちのために大型バスで全国各地へ

創部当初は、練習試合の相手を探すのも大変でした。部員が少ない中で、大半が野球未経験者です。対戦相手に迷惑をかけながらも、群馬県内のチームにお世話になって練習試合で実戦を重ねることができました。

練習はもちろん大事なのですが、対戦相手がいる中で自分たちのプレーができるかどうか。それを試すには、練習試合が必要だと私は考えていました。選手たちには、実戦経験はもとより成功体験もなかったので、野球の喜びを教えてあげたかったのです。

野球の理論や技術は伝えることができますが、良いボールが投げられたときの感触や、良いバッティングができたときの手応えは名監督でも伝授することはできません。これは、本人が感じるしかないからです。

県内の練習試合で、経験を積ませてもらっていく中で「甲子園出場」を目標にするには、甲子園を目指す全国の強豪校の雰囲気を、肌で感じることが大切だと考えるようになりました。

私は2002年に、野球部の創部と同時に30歳で監督になったのですが、大学卒業から高校野球指導に携わるまで8年間のブランクがあり、ほかの学校とのパイプはほとんどありませんでした。当時はインターネットも普及していなかったので、電話帳や番号案内で学校の連絡先を聞いたり、知り合いに頼んで紹介してもらったりしながら県外のチームと連絡を取っていきました。しかし、創部したばかりで何の実績もない学校だったので当然、断られるケースも多くありました。

高校野球では、前年度の予定を踏襲して、年間を通じて練習試合の相手が決まっていることも珍しくないですし、そもそも弱小チームと試合をしても相手にとってはメリットがないので、スケジュールをやりくりしてまで健大高崎と練習試合を組む理由はありません。そんな状況で、私は選手を乗せた大型バスを全国各地に走らせました。私は地元の建設会社で働いていた2000年に、将来指導者になったときのことを考えて、バスが運転できる大型自動車一種運転免許を取得していましたが、その資格が役立つことになりました。

全国の名将から受けた恩が日本一の礎に

そんな中で、忘れられない恩がいくつもあります。星稜の山下智茂元監督（現・星稜名誉監督）や藤代、常総学院の持丸修一監督（現・専大松戸監督）、仙台育英の佐々木順一朗元監督（現・学法石川監督）、横浜隼人の水谷哲也監督、浦和学院の森士前監督たちは、新人監督を快く受け入れて面倒を見てくれました。名将たちは、練習試合に付き合ってくれただけではなく、つながりのある甲子園監督を紹介してくれたりもしました。そしていまでも、良いお付き合いを続けさせていただいています。

横浜隼人の水谷監督は、トレーナーやコーチも紹介してくれて、そのご縁で葛原毅元コーチや父の葛原美峰先生（現・三重海星スーパーバイザー）がアドバイザーとして健大高崎に携わってくれました。健大高崎がのちに掲げる「機動破壊」の戦術スローガンは、葛原父子の発案によるところが大きかったので、貴重なご縁をいただいたことになります。あの出会いが、日本一の礎になったともいえるでしょう。

また、私の母校である東北福祉大ＯＢの諸先輩方や後輩にも大変お世話になりました。聖望学園の岡本幹成元監督（現・東日本国際大助監督）をはじめ、盛岡大附の澤田真一元監督（現・盛岡誠桜女子監督）、八戸学院光星の金沢成奉元監督（現・明秀日立監督）、花咲徳栄の岩井隆監督、東京成徳大深谷の泉名智紀元監督（現・武蔵越生監督）、八戸学院光星の仲井宗基元部長（現・八戸学院光星監督）、日大山形の荒木準也監督等、名前を挙げるときりがありませんが、みなさんずいぶん力を貸してくださいました。

練習試合の相手はもちろん、いろいろなチームを紹介してくれたり、チーム作りのノウハウを教えてくれたり、多くのアドバイスやサポートをしていただきました。この場をお借りして、御礼申し上げたいと思います。

健大高崎のいまがあるのは、創部当初に親切にしてくださった方々がいたからです。その恩と感謝は絶対に忘れてはいけないと考えていますし、もし高い志を持つ新人監督から連絡を受ければ、なんとかして協力してあげたいとも思っています。それが山下名誉監督、持丸監督、佐々木監督、水谷監督、森前監督、東北福祉大OBの諸先輩方や後輩ほか多くの方々から受けた恩に対する、高校野球界全体への恩返しだと私は考えているからです。

選手たちが胸を張って「健大高崎」と言えるチームに

チームは最初の夏大会に出場して、野球部として記念すべき第一歩を踏み出したものの、ショックなこともありました。夏大会に合わせて「健大高崎」の学校名が刺繍された野球バッグを作ったのですが、生徒たちが自転車のカゴに入れるのを見ると、学校名を裏側にして隠すようにして乗せていたのです。生徒たちに聞くと「恥ずかしいので……」という答えが返ってきました。

周囲からは「健大高崎は草むらで練習している」とか「弱いのに移動の学校バスだけは立派」などの陰口が聞こえてきました。また、私が来年の中学生の視察のために大会観戦などに行くと「グラウンドもないのに選手をチェックしている」「弱小チームには選手を預けられない」などと笑われました。視察では、強豪校の監督はベンチ裏などに案内されていましたが、私は相手にすらしてもらえなかったので、グラウンドの隅っこで見るしかありませんでした。

チームが強くなるのに大事なことのひとつは、自分のチームにプライドを持つことです。弱いからといって、チーム名を隠したり、言わなかったりするのは、自信がないからです。選手たちが胸を張って「健大高崎」と言えるチームにする必要がありました。この状況を変えるには、健大高崎を強くするしかありません。そう強く思いました。私には、それしか選択肢がなかったのです。

公式戦の初勝利は、新チームになった秋季県大会でした。初戦の2回戦で大泉と対戦して、10対0の5回コールドで初勝利を挙げたのです。ピッチャーだった主将の倉持が、

5回参考ながら完全試合の内容で好投して、初勝利に花を添えてくれました。

　生徒たちから初勝利というプレゼントをもらった私は、冬に向けてネジを巻き直してグラウンドに立ったのですが、そこで練習ボイコットが起こりました。2年生の数人がみんなに「練習をボイコットしよう」と声をかけたらしく、練習場所にはキャプテンの倉持と1年生ひとりしかいませんでした。その日は、外部のトレーナーを初めて呼んでいた日だったのですが、キャンセルするのは申し訳ないので事情を説明してふたりを指導してもらいました。

　余談になりますが、私は監督就任1年目からトレーナーに頼んだりして、専門的な知識を選手たちに注入し、いろいろなアプローチをするよう心掛けていました。いまはフィジカルコーチが一般的になっていますが、2002年当時はまだまだ浸透していませんでした。しかも、創部1年目の弱小チームです。私の希望で勝手に呼んだので、すべて自腹です。いまの健大高崎は多くのコーチ陣によって成り立っていますが、1期生のときから私には組織的なチームマネジメントのイメージがありました。

絶対に忘れてはならない1期生の志

選手のボイコットから数週間は、私と選手ふたりの3人で練習したのを覚えています。ボイコットのショックはありましたが、ふたりは野球がやりたくてグラウンドに来ています。その生徒たちの思いに応えるために、私は信念を貫いて指導に当たりました。

高校野球の監督は、野球指導だけをしていればいいわけではありません。高校の部活動としての「高校野球」なので、学校生活が最優先となります。いくら良い選手であっても、どこかにほころびが出るとすべてが崩れてしまいます。文武両道といいますが、文武に加えて日常生活がしっかりと固まってくれれば、選手として成長していくのは間違いありません。

私は「プロ野球選手」を養成しているのではなく「高校球児」を育てています。そこだけは忘れてはいけない、と創部当初から自身に言い聞かせています。人を育てることが、高校野球の監督の役割なのです。

ボイコット事件のあと、そのまま選手が戻ってこなければ2年目にして野球部存続の危機に陥るところでしたが、大半が復帰してきたので1・2年生15人で最初の冬を過ごしました。群馬県では冬場に「上州のからっ風」と呼ばれる強風が吹くのですが、凍てつくような寒さの中で、私も一緒になってみんなでトレーニングしていたのを昨日のことのように思い出します。苦労は多かったのですが、選手たちの頑張る姿を見ると負けていられないと思うのです。

1期生の最後の夏となった2003年の群馬大会は、初戦で桐生に1対16の5回コールドで負けました。何もできないまま、突き放されての完敗です。大きく点差が離れる試合でしたが、選手たちは全力で最後まで戦い抜いてゲームセットを迎えました。

校歌を歌うことはできませんでしたが、意地は見せてくれたと思います。高崎・城南球場での試合だったのですが、試合後にベンチ裏で選手たちが泣いている姿を見て、私も涙が止まりませんでした。

そして、選手たちに「お前たちがいたから、健大高崎にこの野球部ができた。最後に勝たせてあげられなかったけど、みんなの頑張りは忘れない。本当にありがとう。これから、健大高崎野球部を甲子園に出られるチームにするから、応援してほしい」と伝え

のせて
健大高崎高校野球
KENDAI

ました。

彼らの行動力と情熱があったからこそ、学校が野球活動を認めてくれて同好会が立ち上がり、そこから野球部が誕生しました。0から1を作るのは簡単ではありません。1期生の志は、絶対に忘れてはいけないと思っています。

野球部運営のために数百万の借金を背負うことに

創部当時を振り返ったとき、一番大変だったのは金銭面かもしれません。何をするにもお金がかかるので、本当に苦しかったことを覚えています。初年度の野球部の予算は、年間20万円でした。ボールとバット、ヘルメット、キャッチャー用具などを買ったら、あっという間になくなってしまいました。

1年前までは女子校でしたし、何の実績もない部活動に学校が予算をつけないのは当たり前のことです。貸しグラウンドの使用料など、練習環境に関わるものは学校が出してくれましたが、それ以外にも〝見えないお金〟がかかります。

チームの運営費が足りないため、私は個人的にいくつかのカードローンを利用して、数十万円ずつ合計３００万円ほどを借りました。そして借りたお金で、ピッチングマシンを購入しました。３００万円もあれば安心だと考えていましたが、打撃ネットなども用意するとお金はあっという間に減っていきます。残高がどんどん減っていくのには、楽観的な私もさすがに参りました。返済で足りない分は、またカードローンで借りていきました。

野球部の立ち上げ当初は、監督と選手だけの小さな組織でした。ただ、物と人が限られる小さな組織だからこそ、チームマネジメントが難しいのだと思います。ビジネスにおいても、スタートアップ企業は起ち上げから軌道に乗るまでが、財政的に一番大変だと聞きますが、それと同じだと思います。何もない状態なので、最低限の環境を整えるだけで資本金がなくなってしまうのです。また人材が揃っていないため、社長（監督）がすべてをやらなければならないので、心身ともに本当に大変です。組織を軌道に乗せるためには、忍耐と情熱が必要だと強く感じます。

生徒たちは、グラウンドがないというハンデを負っていましたし、私にも意地とプライドがあったので、選手たちに最低限のものは用意してあげたかったのです。当時はまだ後援会などなかったので、予算が増えることはありませんでした。練習中もふと気づけば、借金返済のことを考えていた時期もありました。生きていくためにあらゆる手段でお金を借りて、やりくりせざるをえないような状況でした。

甲子園出場監督となっても自己破産寸前だったギリギリの日々

当時は生活するだけでも本当に大変で、自己破産の寸前だったと思います。月末の返済日が近づくと震えていました。もうどうにもならなくなったので、地元の信用金庫に勤めている親友の井草康久に相談しました。井草は前橋商と東北福祉大時代のチームメイトで、とても仲の良い存在だったのです。

私は藁にもすがる思いだったのですが、カードローンの影響で10万円しか借りられないと言われました。カードローンの利子が高かったので井草からアドバイスをもらい、保証人をつけるという条件で最終的に300万円を借りて、借金の一部を返済することができました。井草の助言がなければ、私も野球部も消えていたかもしれません。

ただし、これは一時的にしのいだだけで、借金自体はどんどん増えていきました。その後も返済が大変で、初めての甲子園出場を決めた2011年当時にも多額の借金が残っていました。高校野球の甲子園出場監督が、自己破産になったら〝ニュース〟になってしまうと思い、最後は父・誠一と母・貞江に、事情を説明して800万円を貸してもらいました。おかげで、最悪の事態だけは免れることができて、ほっとしたのを覚えています。

周囲からは「部活動のために個人的に借金するなど考えられない」とあきれられますが、そのくらい私は本気だったのです。将来の先行投資といえば聞こえはいいと思うのですが、あのお金は自分が勝手に借りたもので、もうどこからも戻ってくるあてはないので投資とはいえないでしょう。

ただ、あのときお金を借りてでも野球部を強くしたかったから、いまの健大高崎があります。野球部に片足を突っ込んでしまったので、引くに引けない状況というのもありました。もしあのまま逃げていたら、借金だけが残ってしまいましたし、もうやるしかなかったのです。そういう意味では、退路が断たれて覚悟が決まったのかもしれません。逃げ道を作らずに人生をかけてチャレンジすることによって、人は強くなれるのだと感じています。

甘くない現実
——授業と野球指導と資格取得のための勉強

最初の3年間は、教員として福祉の授業を受け持つために大学の通信教育で学びながら、月に何度かの練習オフ日にはスクーリング（対面授業）で学校に通っていました。

当時の学校には、ホームヘルパー2級資格のクラスがあったので、私自身も2004年にホームヘルパー2級資格を取得し、2005年にはガイドヘルパー（移動介護従事者）の養成研修を受けて修了しました。そしてその年には、福祉の高等学校教諭一種免許の資格を得ることもできました。

当時は、学校の練習場所が狭かったため、週に2〜3回は近くの球場を借りてバスで出掛けていました。午後9時過ぎに練習を終え、バスで学校に戻ってくるのが午後9時半過ぎです。選手たちを見送ったあと、私はユニホーム姿のまま中華料理店で夕飯を食べて、午後11時過ぎにアパートへ帰宅。それから翌日の授業の準備と、福祉教員免許取得のための勉強をしていました。

思うようにチームを強化できない焦りと、慣れない教員生活。朝7時過ぎには学校に行き朝練に出て、夜11時過ぎにアパートへ帰る日々です。資格取得のためのレポート作業の時間確保も難しく、当時はさまざまな面で自分のキャパシティーをオーバーしていたのかもしれません。

指導者になるという夢を追って、前の会社を飛び出したものの現実は甘くありませんでした。夜、お世話になった人たちのことを思い浮かべていたら、自分の不甲斐なさと絶望感で涙があふれてきました。

翌日の社会の授業の準備をしながら、これからどうしたらいいのかと途方に暮れる日々でした。ただ、翌朝になれば、選手たちが朝練のために練習にやってきます。私は生徒たちがグラウンドに来る限り、自分がいくら苦しくても寄り添わなければならない、と自身に言い聞かせて指導に励みました。下手でも食らいついてくる生徒たち、そして保護者など応援してくれる人たちがいたからこそ、頑張れたのは間違いありません。

KENDAI

健大高崎の練習場には、多くの横断幕や格言が記されたパネルを掲示しています。私自身が学んできたことを生徒たちに伝えたいと思い、貼れる場所を探していったのですが、いまでは壁という壁に言葉が並んでいます。部室、練習場、トイレなど選手の動線を考えて設置していきました。

その大半は野球とは関係のない言葉ですが、すべてが野球につながると考えています。私が毎日、言い続けることは難しいのですが、毎日、選手たちの目に入れば自然と行動が変わっていきます。健大高崎が求める人間像やチームスローガンのいくつかを、この先各章の終わりで紹介していきたいと思います。

健大高崎チームスローガン 1

不如人和

健大高崎野球部の部訓です。2007年の専用球場完成前後に、東農大二・齋藤章児元監督から教えていただいた金言になります。中国の思想家・孟子の言葉で「天の時は地の利に如かず　地の利は人の和に如かず」と読み「人の和はすべてに優る」ということを伝えています。

当時のチームは、能力のある選手が集まり始めた中で、何かが足りないと感じていました。齋藤元監督は、選手たちに「不如人和」の意味を説明して団結力の重要性を説いてくれました。その言葉に感銘を受けて部訓に採用したのです。監督室には、齋藤元監督に書いていただいた「不如人和」の色紙も飾ってあります。

齋藤元監督は2019年に他界されたため、2024年春の健大高崎の全国制覇を見てもらうことは叶いませんでした。私は甲子園から帰ってきたあと、すぐに齋藤元監督の墓前に手を合わせて、全国制覇を報告しました。

健大高崎チームスローガン 2

機動破壊

「機動破壊」は健大高崎の戦術スローガンです。「機動破壊」が生まれたきっかけは、2010年夏の群馬大会準決勝での敗戦です。その年は爆発力のある打線を軸に初の甲子園出場を狙っていたのですが、前橋工のピッチャーを攻略することができずに０対１で敗れました。ゲームを振り返ってみて私自身、監督としての未熟さを痛感しました。

その試合のあと、健大高崎のアドバイザーを務めていた葛原美峰先生が提案してくれて、機動力を前面に出した戦術をチームの旗印としました。健大高崎は2011年夏に甲子園初出場。2012年のセンバツでは「機動破壊」を掲げてベスト４まで勝ち上がりました。

その後「機動破壊」はアップデートを重ねていき、2024年春に日本一を達成することができました。「機動破壊」のサブテーマは「疾風迅雷・波状攻撃」。これからもアグレッシブな戦いを追求していきたいと思います。

第2章

日本一への道のり

健大高崎はいかにして甲子園強豪校へと成長していったのか

健大高崎に欠かせない存在
——生方啓介部長との出会い

同好会として約20人でスタートを切った1期生ですが、野球部となって最後まで残ってプレーしたのは、女子マネージャーを含めて9人でした。1期生は2002年夏の健大高崎初陣となる2回戦で、前橋東に0対12の7回コールドで敗れたものの、新チームとなった秋季大会2回戦では主将・倉持の好投によって、大泉に10対0の5回コールドで勝利して記念すべき初勝利を挙げました。そして、1期生の最後の夏である2003年は、初戦で桐生に1対16の5回コールドで負けて引退することになりました。

私が監督に就任した2002年に入部してきた2期生は、最終的には5人になってしまいました。石橋貴範は、多くの選手がボイコットしたときに、主将・倉持と一緒にグラウンドに出てきた選手です。2代目主将の黛祐樹も、チームをまとめて頑張ってくれました。3期生からは私が声をかけた選手たちが入部してきたため、2期生でレギュラーポジションをつかんだ選手は少なくなってしまいましたが、初戦で万場に勝って夏の初勝利。健大高崎の土台を作ってくれたと感じています。

3期生は18人になり、主将・剣持優と佐藤勇太を軸に野球部らしくなってチームに地力もついてきましたが、夏大会は初戦で榛名に敗れてしまいました。10人の4期生は、半数が大学で野球を続けることができてチームの新たな文化を築いてくれました。

創部当初は、学校職員だった岡部雄一コーチ（現・チーフマネージャー）がサポートしてくれていましたが、部員数が徐々に増えてきた中で本格的な指導ができる人材を探していたところ、2005年に生方啓介部長との出会いがありました。

生方は沼田高出身で、東北福祉大では学生コーチを務めながら理学療法士を目指し、地元に戻ってきていました。知り合いを通じて紹介を受けた私は、すぐに生方と面談をしました。そして、誠実さと情熱を備えた地元出身の人材は、健大高崎にとって欠かせない存在になると確信しました。そこで、学校にすぐ報告して2005年に教員で採用してもらい、野球部のコーチに就いてもらうことになったのです。そしてのちに生方は部長となり、献身的にチームを支えてくれることになります。

チームをみんなから愛され、みんなで作っていく「優良企業」に

その頃には、大学の後輩である塚原謙太郎アスレティックトレーナーにもチーム指導に加わってもらっていました。野球部の形が見えてきて指導体制の基盤ができたことは、チームにとっては大きな転機でした。

私は、社会人時代に総務を担当していた経験則から、自分がすべてを動かすのではなく、会社組織のように部署を作って役割を分担したほうが、負担は軽減されると考えていました。投手、打撃、走塁、フィジカル面など専門のコーチに任せていくと彼らに責任感が生まれますし、結果に対する責任の所在も明確になります。良い企業は、社長が常にいなくても仕事が回っていきます。私は健大高崎というチームを、みんなから愛され、みんなで作っていく「優良企業」にしたかったのです。

生方部長の指導を受けて情熱を注入された5期生、6期生が、2006年の秋季大会で最初の戦果を残してくれました。主将・石井宏祐を軸にエースの佐藤貴一、関慶太、

黒崎寿人、さらには1年生ピッチャーの菊池飛雄馬らが主力となったチームは、快進撃を見せていきます。

初戦となった2回戦で勢多農に勝利して好スタートを切ると、3回戦では富岡実を6対2で退けました。4回戦も桐生市商に延長12回でサヨナラ勝ち。準々決勝では高崎商に延長10回で競り勝ち、準決勝に進出しました。すべてが接戦だったのですが、選手たちが底力を発揮してくれたのです。この大会で初めて「選手の力」で勝つ喜びを知った気がします。準決勝では前橋育英と戦い3対2で勝利して、私たちは創部5年目にして初の関東大会出場を決めました。

しかし、決勝戦で桐生第一に完敗すると、初めての関東大会では地に足が着かない状態で、初戦の千葉経大附に1対11の5回コールド負けを喫します。関東大会のレベルの高さ、そして上には上がいて甲子園までの道のりが遠いことを肌で感じました。私たちには、まだまだセンバツ出場を手繰り寄せるだけの力はなかったのです。

関東大会出場で、野球部専用グラウンドが完成

初めての関東大会の前後に、学校側から野球部専用グラウンド建設の打診がありました。学校から提示された条件は関東大会出場だったのですが、同じタイミングで関東大会初出場となり、新グラウンド建設に向けて具体的に動き出していきました。いくつかの候補地があった中で、学校東側の雑木林を整備して野球場を造ることが決まりました。創部当初は、グラウンドを造る予定はまったくなく、私もそれを承知で監督になっていたのですが、生徒たちの情熱によって学校が動いてくれたのです。

創部から5年、校舎脇の空き地での校内トレーニングと、周辺各地の球場を借りてバス移動での練習を繰り返してきましたが、授業が終わってすぐに隣接する専用球場で練習ができるのは、選手たちにとって大きなメリットになります。グラウンドに加えて室内練習場も新設されることになり、チームにはさらなる活気が生まれました。

健大高崎野球場と室内練習場は２００７年に完成し、チームは新たな船出となりまし

た。最初の作業は、前の練習場所に掲げていた初期の横断幕「夢、叶うまで挑戦」をネットにつけたことです。初期の保護者たちが作ってくれたものだったと記憶していますが、この横断幕には創部当初の思いが込められています。この言葉自体は、愛媛の宇和島東と済美でセンバツ初出場初優勝を遂げた故・上甲正典監督の座右の銘で、私自身が大きな力をもらいました。

就任最初の頃には、専用グラウンドが完成するなど夢にも思っていませんでしたが、選手たちが頑張る姿を見せることで学校側が動いてくれました。そしてその夢は、のちの甲子園出場、日本一へとつながっていくことになりました。最初の横断幕はボロボロですが、夢はいまも色あせていません。この言葉を見るたびに、最初の部員たちの夢が蘇ってくるのです。

私は
運が良い
KENDAI
STADIUM

健大高崎　室内練習場
挑戦
KENDAI

齋藤章児元監督がくれた4文字のプレゼント

――部訓・不如人和

ご縁があった東農大二の故・齋藤章児元監督にも新グラウンドまで足を運んでいただき、生徒たちを指導してもらいました。私の恩師は前橋商時代の東野監督なのですが、公立の世界で実績を残した指導者です。健大高崎は私立なので、私学で実績を持つ齋藤監督にチーム強化について何度も相談させてもらっていたのです。

齋藤監督は東農大二の指揮官として6度の甲子園出場を果たし、2000～2003年には母校の立教大監督として東京六大学野球でも指揮を執りました。そんな齋藤監督が、あるとき生徒たちに「不如人和」という言葉を伝えてくれたのです。

「天の時は地の利に如かず 地の利は人の和に如かず」という中国の思想家・孟子の言葉で、戦いの3つの要素である「天の時・地の利・人の和」のプライオリティー（優先順位）を説いています。「天が与えてくれた機会」は「地形の優位性」には勝てず、どんなに「地の利」があっても、最後は「人の和」には及ばないという意味になります。

野球に置き換えると、タイミングや環境が有利でも、チームワークに勝るものはないということになるでしょう。

初めて関東大会に出場した2006年秋以降、チームには力のある選手たちが揃ってきましたが、何かが足りないと私は感じていました。準々決勝まではコンスタントに勝ち上がれるようになったものの、そのあとに大敗を喫してしまったりしてなかなか群馬の頂点に立つことができなかったのです。

百戦錬磨の齋藤監督は、健大高崎の練習や試合の様子から、足りないものが何かをすぐに悟ったようでした。そして、東農大二監督時代の甲子園出場経験をもとに、どんなチームが甲子園に行ったのかを伝え、選手たちにチームワークの大切さを説いてくれたのです。私は、即座に「不如人和」を健大高崎野球部の部訓にすることを決めて、チームの活動指針にしました。

野球で相手と対峙する局面は、バッターとピッチャーによる一対一の勝負ですが、個人成績を競うスポーツではありません。チームとして、いかに戦うかが大切になってきます。個性と能力のある選手たちが集まり始めていた中で、それぞれがバラバラな方向に進んでいけば、チームとしての〝吸収〟がなく勝負所で弱さが出てしまいます。

神社仏閣の伝統木造建築は、釘を使わなくてもホゾとホゾ穴を組み合わせることで、強固なものになっていきます。「不如人和」はレギュラーだけではなく、控えの選手、応援してくれている生徒、サポートしてくれている学校や保護者など「チーム全体の和」の重要性を伝えてくれています。

齋藤監督は、当時の健大高崎に必要だったものを4文字の言葉にして、プレゼントしてくれたような気がしています。それは、どんな高価な贈り物よりも価値があるものです。こうして、揺るぎない指針ができたことでチームにも私にも迷いがなくなり「全国制覇」という目標に向かって突き進むことができるようになったのです。

機動力を導入するきっかけとなった敗戦
——悲願の甲子園初出場へ

健大高崎は、果敢な走塁を武器とした造語である「機動破壊」が広く認知されていますが、それは戦術的旗印の位置づけです。この4文字を打ち出していったのは、2012年のセンバツからになります。健大高崎には「不如人和」という普遍のチーム理念があり、その土台の上に「機動破壊」という戦術があるのです。「人は城」という理念のもと「風林火山」という旗印を掲げた戦国武将・武田信玄の戦法と同様です。

旗印は大きな枠の戦術ですし、チームの進化によって意味も変化していきます。20年前と比較すれば、高校野球は大きく進化しています。かつては140キロを投げるピッチャーが話題になっていましたが、いまでは最速150キロ以上に投手の球速は上がっています。またクイックやキャッチャーのスキルなど、バッテリーワークも向上しています。私の考えでは、周囲が進化していく中において、停滞や現状維持というものは退化となります。だから、失敗を恐れず常に変化していく勇気が、チームや指揮官には求められていると感じています。

「機動破壊」という旗印を立ててから12年が経過していますが、過去を超えていかなければ次の未来はないと思います。「はじめに」でも触れさせてもらっていますが、今回のセンバツにおける健大高崎の盗塁はわずかにひとつだけです。以前は、盗塁数にこだわって選手たちが記録を狙っていた時期もありましたが、その時代はすでに終わっています。機動力という武器を懐に携えて、いかにプレッシャーを与えて、いかに試合で勝ち切るか。過去を超えていくことがチームの成長、さらには「全国制覇」につながっていくのだと、いまの私は考えています。

機動力を導入するきっかけとなったチームのターニングポイントは、8期生の磯貝貴大（現・健大高崎高校教諭兼高崎健康福祉大学準硬式野球部監督）、エース・北島未来、主砲・森山彰人という投打のタレントが揃った2010年夏の戦いです。

スラッガーの森山を軸にしたチームは攻撃力の高さが特長で、甲子園を狙えるチャンスだと私は手応えを感じていました。準決勝まで勝ち上がると、春のセンバツに出場していた前橋工と、決勝進出をかけた戦いでぶつかりました。ゲームは打ち合いが予想された中で、0対0のスコアで9回を終えて延長戦に突入する緊迫した投手戦になっていきました。

11回表、私たちの守備時における本塁クロスプレーは、アウトのタイミングだったように見えましたが、キャッチャー・森山の立ち位置が走塁妨害の判定となって得点が認められました。その裏には同点、逆転のチャンスを作ったものの、森山らクリーンアップが抑え込まれて0対1で敗れる結果となりました。

この前橋工戦の敗戦が、健大高崎の野球が変わっていくきっかけになりました。チームには、2007年から走塁担当の葛原毅元コーチや生方部長が、1年生やBチームの選手たちに機動力野球を落とし込んでいました。しかしながら、Aチームでは機動力を生かしきれていなかったのも事実でした。そこで、この敗戦を機に、機動力を導入する方向へと私は舵を切ったのです。

２０１１年夏の3年生の代である9期生には、群馬県以外の選手にも積極的に声をかけていて、兵庫出身の主将・門村鴻輝らがチームの主軸になっていました。レギュラーの大半は地元の選手だったのですが、県外の選手が加わったことでチームにとっては大きな刺激となりました。その結果、機動力も絡めたより緻密な戦いができるようになっていきました。

余談ですが、私が県外の選手にも積極的に声をかけていたため、周囲からは「県外高崎」と揶揄されることもありました。でも私としては、とにかく野球部を強くしたい一心だったので、そう言われても仕方がないなというふうに受け止めていました。

そして迎えた夏は門村がチームを牽引し、ピッチャーは星野竜馬、片貝亜斗夢の継投で勝ち進むと、準々決勝で樹徳、準決勝で桐生市商、決勝では高崎商に勝利して、初の甲子園出場を成し遂げることができました。２００２年の野球部創部、夏大会初出場から10年目で悲願の甲子園初出場となったのです。

初の甲子園で発揮された機動力

２０１１年の時点では、まだ「機動破壊」の旗印は立てていませんでしたが、準決勝では湯本天夢が3盗塁を決めるなど計5盗塁、決勝でも計9盗塁を記録して相手を攻略しました。

甲子園では、初戦の今治西戦の3回一死二・三塁のチャンスで、2ランスクイズのサインを送りました。2ランスクイズは攻撃オプションのひとつとして準備していた戦略で、相手が警戒する前に先手を取っておきたかったのです。

二塁ランナーがスピードのある門村だったのと、相手が左ピッチャーのためバント処理で一塁に投げれば逆モーションになり、門村が三塁を回るアクションが見えません。こういった状況を踏まえると、成功する可能性が高いと考えてチャレンジしました。公式戦での2ランスクイズのチャンスは、そう何度もあるわけではありません。静かにスクイズの瞬間を待って、その一瞬で決断する。これは、采配の醍醐味かもしれません。

この場面では、打者の柳澤潤也がスクイズを三塁側に転がして、ピッチャーに捕らせていることも重要です。ファーストへの送球距離が一塁側よりも3メートル以上長くなるため、0・1〜0・2秒の時間を稼ぐことができます。リードを取った門村が、二塁でスタートを切ってからホームインまでのタイムは6・5秒。「機動破壊」は、相手守備と時間との戦いになるのです。

機動力を生かしたビッグプレーは、成功するとスタンドが沸いてチームに勢いをもたらしてくれます。また、相手に精神的なダメージを与えることもできます。甲子園という大舞台での「機動破壊」は、なおさら効力を発揮してくれるのです。甲子園でのゲームは、試合後のニュース番組で何度も映像を流してくれるので、全国的にインパクトを広げてくれることもわかりました。私は、走塁シーンがまるでCMのように、健大高崎の魅力を伝えてくれていると感じました。

2回戦では、近藤健介（ソフトバンク）を擁する横浜と対戦して、0対5と大きく離された状況で6回に一挙5点を奪って同点に。延長戦に持ち込みましたが、最後は力が足りずに5対6でサヨナラ負けとなりました。

強豪の横浜を相手に機動力も試みましたが、キャッチャー・近藤の肩に加えて投手のクイックなどが徹底されていて、塁を奪うことができませんでした。甲子園で勝ち上がるには、走攻守すべてのレベルを上げなければならないと強く感じたものです。

「機動破壊」の看板を引っさげて、センバツ初出場でベスト4に

2012年には、前年の夏の甲子園を経験した絶対的主将・長坂拳弥（阪神）と実戦派サウスポー・三木敬太らの10期生が、秋の関東大会でベスト4に進出して初のセンバツ切符をつかみました。

このセンバツでは、葛原毅元コーチの父にして「機動破壊」の生みの親でもある葛原美峰先生（当時・健大高崎スーパーバイザー）のアドバイスもあり、初めて「機動破壊」の看板を引っさげて甲子園へ乗り込むことになりました。

1回戦の天理戦では、6回一死二塁からヒットエンドランを試みて同点に追いつきました。さらに、7回無死一塁でバスターエンドランと盗塁でたたみかけて逆転に成功。この試合では、失敗なしで怒涛の7盗塁を決め、9対3で名門に競り勝つことができま

した。

2回戦の神村学園戦では4盗塁、準々決勝の鳴門戦でも5盗塁に5本の長打を絡めて攻撃で圧倒し、9対1で勝ち切ってベスト4に進出。迎えた準決勝では藤浪晋太郎（メッツ）、森友哉（オリックス）がバッテリーを組んだ大阪桐蔭と対戦し、エース・三木の好投によって7回まで0対1の投手戦に持ち込みました。8回には、竹内司のソロ本塁打で同点に追いついたものの、その裏に森と笠松悠哉にソロを2本打たれて2失点、1対3で屈する結果となりました。

決勝進出は逃しましたが、初のセンバツでベスト4。「機動破壊」を打ち出したセンセーショナルな戦いができたと思います。

センバツベスト4で凱旋したチームは、春季県大会でも優勝して関東大会に出場すると、決勝では関東一に勝利して関東大会初優勝を遂げました。しかしセンバツ、関東大会を投げ抜いたエース・三木が疲労骨折となり、その夏は4回戦で伊勢崎清明に1対8のコールド負けで終わりました。

本来であれば三木を休ませるべきでしたが、私にセンバツ後の投手起用についての経験値がなく、結果的に夏の大会でベストな戦いをすることができませんでした。この反省を踏まえ、その後の投手起用には大きな変化が生まれることになります。

一方で、2012年のセンバツベスト4という好成績は、チームにとって大きな自信となりました。これをきっかけに、甲子園常連校への道を歩んでいく足がかりとしたかったのですが、群馬県に強力なライバルが出現することになったのです。

不思議な縁を感じる前橋育英・荒井直樹監督

私は2002年に健大高崎の監督に就任しましたが、当時の群馬県では桐生第一が強さを誇っていました。福田治男監督（現・利根商監督）が率いたチームは、1999年夏に群馬県勢として初の日本一を達成しました。桐生第一は全国制覇後の2000年代にも、春夏計7度の甲子園出場を果たしています。福田監督の野球は、守りを中心にしながら、攻撃ではバントで確実に走者を送って堅実な野球を実践する「THE 高校野球」の王道です。スキのない野球で、当時は何度も試合の観戦に出掛けて、戦い方や駆け引きを学ばせてもらいました。

この頃は、私の母校である前橋商や前橋工などの公立校にも力があり、新参者である健大高崎が食い込む余地はほとんどありませんでした。そして、私が監督となった2002年には、前橋育英の荒井直樹コーチが監督に就任しました。

私は荒井監督の8学年下になるのですが、指揮官就任は同期ということになります。健大高崎は新規チームの立ち上げで、前橋育英の荒井監督はチームを引き継ぐ形でした。当時の健大高崎はグラウンドがない環境にあったので、荒井監督には何度もアドバイスをもらったり、助けてもらったりしました。当時は前橋育英もまだ甲子園出場がなかったため、お互いに「打倒・桐生第一」「甲子園出場」を目標に切磋琢磨していました。どうすれば桐生第一に勝てるかを、ふたりで語り合ったこともあります。

前橋育英は、2011年に春のセンバツ出場を決めて初の甲子園出場となりましたが、健大高崎もその年の夏に初の甲子園出場を決めました。荒井監督とは監督就任も2002年の同期で、初の甲子園出場も2011年で同じなのですから、不思議な縁を感じざるをえません。

健大高崎を強くしてくれたライバル、前橋育英の存在

その後前橋育英は、2013年に2年生エース・高橋光成（西武）を擁して夏の甲子園初出場で初優勝という快挙を成し遂げました。私たちは、脇本直人（元・ロッテ）らを擁した2014年夏の3回戦で前橋育英と対戦し、3年生になった高橋光成に勝利すると、そのまま群馬大会を制して2度目の夏の甲子園出場を決めました。

健大高崎は2014、2015年夏に2年連続で甲子園に出場しています。12期生で臨んだ2014年は、平山敦規（日本製鉄鹿島）が大会記録タイの通算8盗塁を決めるなど、4試合で26盗塁をマークして「機動破壊」の4文字を甲子園に強く印象づけました。ただ、2016年からは3年連続夏の決勝戦で前橋育英に負けており、群馬大会では悔しい思いが続くことになります。

中でも2018年夏は、前橋育英を相手に5対2でリードして8回を迎えましたが、ゲーム終盤に相手の雰囲気に呑まれて逆転負け。小澤周平（早稲田大）ら強力打線を売

りにした2021年のチームも決勝戦で負けていて、群馬大会の夏決勝では前橋育英に4連敗となっているのです。

2016年頃から、健大高崎の機動力対策として、相手のバッテリーを含めた盗塁抑止力が毎年向上しているように感じられました。それは前橋育英だけではなく他チームも同じで、群馬全体のレベルが上がっていったのです。

2021年頃までは、前橋育英に対して苦手意識のようなものが芽生えていましたが、最近では2022年秋の準々決勝、2023年春の準決勝、2023年秋の準決勝で前橋育英に勝利して、それまでの流れを変えることができています。

特に2023年の秋は関東大会出場がかかった準決勝で対戦し、佐藤龍月が先発して11対4で勝利。これが秋の関東大会ベスト4、そしてセンバツでの日本一へとつながっていきました。私は、前橋育英というチームの存在が、自分たちが成長するために大きな力を与えてくれたと考えています。

2024年のセンバツで健大高崎が優勝したことで、1999年夏の桐生第一、2013年夏の前橋育英、2024年春の健大高崎が日本一を果たしたことになります。群馬県勢は過去25年間で3度の全国優勝を達成しており、いまも3人の優勝監督が現役でしのぎを削っています。群馬県が、隠れた高校野球王国であることを改めて実感するのと同時に、健大高崎が進化できたのは桐生第一、前橋育英という全国レベルのライバルがいたからなのは間違いないと断言できます。

「機動破壊」の真骨頂
――トリックプレーが炸裂した福井工大福井戦

私たち健大高崎は、群馬の特に夏の大会では悔しい思いを味わってきましたが、2017～2024年にかけては5度のセンバツ出場を果たしています(2020年はコロナ禍によってセンバツが中止となり、出場回数のみ加算)。

いまも私の記憶に強く残っているのは、15期生が主体で戦った2017年のセンバツです。2回戦の福井工大福井戦では、6対7で迎えた9回裏二死二・三塁の場面で、このときのために葛原美峰先生のアイデアのもと、練習で入念に準備してきたトリックプレーのサインを発動しました。

相手ピッチャーはサウスポーで、代打として右バッターの安藤諭を送りました。三塁ランナーは俊足の小野寺大輝で、二塁ランナーは機転の効く安里樹羅でした。そのシチュエーションを見て条件が揃ったと思い、直感である作戦が思い浮かびました。あのシーンでは、外野にヒットが抜けて二塁ランナーが生還すれば逆転サヨナラ勝利となります。相手が最も警戒するのは、二塁ランナーであることは間違いありませんでした。

ピッチャーはバッターに対して2球を投げていたのですが、1球目はボール、2球目は安藤が空振りしています。そこから二塁ランナーの安里は、リードしながら〝おとり〟となる演技を見せていきます。

3球目、安里がふらふらと大きめのリードを取り、牽制を誘いました。このとき三塁コーチャーも、安里にわざと大きな声とジェスチャーで指示を送ることによって、暗にピッチャーに対して牽制を促しています。その様子を見た相手ショートは、ランナーの背後を取って二塁牽制を受ける形になりました。

牽制を投げた瞬間に、二塁ランナーは塁間に飛び出し、三塁ランナーの小野寺がスタートを切りました。それに気づいたショートは、迷うことなくホームに投げてきたのですが、三塁ランナーの加速力とヘッドスライディングの技術によってホームを〝盗む〟ことができました。

スタートを切ってから、ホームにタッチするまでのタイムは2・8秒で、記録は、ダブルスチールでした。あと1アウトで負けてしまうという緊迫した場面で、トリックプレーが成功したことは「機動破壊」の真骨頂だといえます。

同点に追いついたゲームは、延長15回を終えても決着せず翌々日再試合となり、山下航汰（元・巨人）の満塁ホームランなどで勝利を収めることができました。引き分け再試合で2日に渡って戦い抜いた福井工大福井戦は、私にとって忘れることができないゲームです。

秀岳館に敗戦して得た学び
――優秀な投手陣の獲得と育成が必須

このセンバツの準々決勝、秀岳館戦では2対9で完敗となりましたが、この敗戦は「機動破壊」のバージョンアップのためには欠かせないゲームだったと感じています。

この試合では、相手の左腕エース・川端健斗に次々と三振を奪われて、流れを引き寄せることができませんでした。ランナーが出ても、川端投手は牽制を投げずに黙々とバッターに対峙してきました。こちらが攻めあぐねていると、逆に機動力を使われてお株を奪われる場面もありました。

私たちも盗塁を5回成功させたのですが、打線が完全に封じ込まれて得点につなげることができませんでした。初回に2ランを打ち込まれると、3回に1失点、4回にも4失点した時点で0対7。「機動破壊」は1点を奪っていく戦術のため、点差が離れてしまうと厳しくなります。最終的には13三振を喫して、2対9で敗れる結果となりました。

この敗戦は、好投手と対戦したときにどのような戦い方をするべきか、を考えさせられる試合になりました。敗因は、打てなかったことよりも、序盤に失点を重ねてしまったことにあります。攻撃に関しては、一定のレベルまで到達してきた手応えがあった中で、甲子園で勝つために必要なのは優秀な投手陣の獲得と育成であることを、私は痛感しました。

そこで、2019年から赤堀佳敬コーチ（現・磐田東監督、元・盛岡大附コーチ）がチームに加わり、打撃指導のほかスカウティングを中心に担当してもらうことになりました。赤堀コーチは盛岡大附の副部長だったのですが、それまで何度もスカウティングで競合となり、いつも私が〝撤退〟を余儀なくされていたのです。赤堀コーチとは直接面識はなかったのですが、盛岡大附を退職すると聞いて私からコンタクトを取って健大高崎にスカウトしました。

赤堀コーチとは、投手強化の方向性を共有して新しい健大高崎を目指していきましたが、彼の情熱によって投打のレベルが一段と上がったのは間違いありません。中学時代に全国トップレベルの実績を残した選手が健大高崎の門を叩き、生方ヘッドコーチらコーチ陣の指導のもと進化していきます。健大高崎の新たなサイクルが確立されたことによって「日本一」という目標が現実的になっていくことになるのです。

明確な課題が浮き彫りとなった天理戦

2019年には、左腕の下慎之介（ヤクルト育成）、1年生のスラッガー・小澤周平を主軸として秋の関東大会に進出。1回戦の常総学院、準々決勝の西武台、準決勝の東海大相模に勝利して決勝に進むと、山梨学院に勝ち切って関東大会優勝を果たしました。

初の明治神宮大会でも、選手たちが躍動して決勝まで勝ち上がると、高橋宏斗（中日）がエースだった中京大中京と戦い、3対4で惜敗しましたが準優勝となりました。伸びしろの大きなチームでセンバツが楽しみだったのですが、2020年春のセンバツはコロナ禍によって中止となってしまいました。

2020年秋にも、関東大会で優勝して2連覇を達成。2年連続でセンバツ出場切符を獲得しました。小澤や堀江晃生たちの高校通算本塁打が計200本を超える強力打線が武器でしたが、2回戦で天理のエース・達孝太（日本ハム）に抑え込まれて0対4で敗れ、甲子園をあとにしました。

2回には相手にディレードスチールを仕掛けられて、うちの守備にミスが出ました。また3回には、チャンスで二塁ランナーが牽制で刺されてしまいます。4回にも盗塁失敗するなど、完全に流れを失う結果となりました。

140キロ台後半のストレートを投げ込む天理の達投手から、2安打しか打つことができず、機動力も封じ込まれました。好投手に対して初回に失点し、その後も主導権を奪われて「機動破壊」を発揮できずにゲームを終えるのは、悪い時の負けパターンです。

このチームの攻撃力は全国でもトップクラスだったと思いますが、またしても大会屈指の好投手を打ち崩すことができず、消化不良の結果に終わってしまいました。コンスタントにセンバツ出場を勝ち取ってきた状況の中で、チームにとって明確な課題が浮き彫りになっていったのです。

新チームが抱かせてくれた大きな野望
——健大高崎史上最強のチームへ

2023年のセンバツでは、初めて甲子園の初戦で敗れる結果となりました。私たちは同年までに春6度、夏3度で計9度の甲子園出場（2020年のセンバツは中止）を果たしており、初戦はすべて勝利して2回戦以降に進出していました。

しかし、初戦で報徳学園と対戦して、主戦・盛田智矢の威力あるピッチングに苦しむことになりました。2回にはうちのエース・小玉湧斗の制球が乱れ、3連続押し出しで3失点してビハインドになると、投打に圧倒されて2対7で敗れました。初めての初戦敗退の悔しさもあいまって、失望感が漂うような心境でした。

センバツ後には、エース・小玉のコンディションが上がらず、2023年夏の群馬大会は準決勝で桐生第一に負けてしまいました。群馬大会では2022年が30年ぶりに樹徳、2023年には母校・前橋商が13年ぶりの甲子園出場を決めました。前橋商は、東日本エリアでは唯一の公立校による出場で、群馬の高校野球の流れが変わってきていることを実感しました。

うちは、新チームの秋季大会で結果を残す「センバツ型」のチームになっているので、センバツから夏の大会までのチームの進化が課題だと考えました。過去2年は「センバツに行けるチーム」になってきたことを実感しながらも「夏にも勝てるチーム」へ進化していかなければならないと強く思ったのです。

2023年春に報徳学園に敗れて帰還したチームですが、4月にはU-15日本代表の左腕・佐藤龍月、大型右腕・石垣元気という1年生の2投手が入学してきました。ブルペンで佐藤のピッチングを見たときには、天性のセンスとしなやかさに胸が躍りました。また、石垣は視察した中学2年生の冬から8センチくらい身長が伸びていて、最初は誰なのかわからないくらいでした。

エースの小玉が調子を落としていたため、春の関東大会に急きょふたりを登録して、初戦の土浦日大戦で佐藤、石垣ともに公式戦デビューを果たしました。準々決勝の帝京戦では、先発の石垣が7回無失点と圧巻のピッチングを披露し、準決勝の専大松戸戦では先発の佐藤が4回1失点でゲームを作りました。決勝の木更津総合戦でも、石垣が先発して4投手の総力戦によって10対7で勝ち切り、エース不在を1年生のルーキーコンビで乗り切って春の関東を制したのです。

このときの1・2年生には、センバツを経験していた箱山遥人、髙山裕次郎のほか、森山竜之輔、田中陽翔というポテンシャルを秘めた大型プレーヤーが揃っていました。彼らに佐藤、石垣の投手陣が加われば、健大高崎史上最強のチームになるかもしれないという期待がありました。それはコーチ陣も同じだったと思います。

本来であれば、2023年夏の甲子園にも行かせてあげたかったのですが、私の力不足によって夏の甲子園には届きませんでした。この夏は、春季関東大会で結果を残した佐藤、石垣をメンバーに入れて甲子園を狙いましたが、準々決勝まで快勝が続いた中で、準決勝の桐生第一戦では1点を争う投手戦となり0対1で屈しました。

夏の群馬大会では準決勝で敗れましたが、森田光希（亜細亜大）のキャプテンシーと、チームが同じ方向を向いて突き進める強さは、新しい健大高崎の確かな基礎を築いてくれました。こうして、新チームは大きな野望を抱えての船出となったのです。

夢、叶うまで挑戦

創部して最初の横断幕に記した言葉です。健大高崎野球部の練習は、テニスコートほどの広さの空き地からスタートしたのですが、そのグラウンドのネットに掲げていたものです。これは愛媛の宇和島東、済美の各チームでセンバツ初出場初優勝を果たし、甲子園通算25勝を挙げた名将・故上甲正則監督の座右の銘です。

「夢、叶うまで挑戦」は私の好きな言葉で、初代の保護者たちが作ってくれました。チームカラーの青ではなく、赤が基調になっているのもレアです。創部から23年目を迎えて横断幕はボロボロになっていますが、夢に向かってチャレンジしていく姿勢は変わりません。

KENDAI PRIDE

健大高崎グラウンドのベンチに掲示している言葉が「KENDAI PRIDE」です。シンプルな言葉ですが、私自身は「プライド」が非常に重要だと考えています。健大高崎野球部は2002年に誕生したのですが、当時の生徒たちは野球バックに刺繍された「健大高崎」の学校名を隠しながら通学していました。

グラウンドもない弱小野球部だったので周囲からは笑われたりもしたのですが、私は健大高崎野球部にプライドを持っていました。選手たちが誇りを持ってプレーできるチームにしていきたいと考えて、必死になってチーム強化を進めてきました。そして、選手たちのプライドが高まっていくことで、チームが少しずつ結果を残せるようになっていきました。

今回のセンバツ優勝によって多くの選手、生徒が健大高崎という学校にプライドを持ってくれれば、それが一番幸せなことです。自分が所属する組織、自分の人生にプライドを持って突き進んでほしいと思います。

第3章

野球との出会い

前橋商時代は4番打者としてセンバツに出場

野球との出合いは小学3年生、初めてのグラブに感動

私は、群馬県北西部の吾妻郡東吾妻町（旧吾妻町）生まれです。生まれたのは1972年で、面識はありませんが新庄剛志さん（日本ハム監督）、西口文也さん（元・西武）と同じ年齢です。また、俳優の木村拓哉さんも同じ世代になります。

東吾妻町は、健大高崎の学校所在地である高崎市から榛名山を抜けて、観光名所・草津温泉に向かう途中にある小さな町です。私が住んでいたのは、役場（旧吾妻町役場）近くの市街地でしたが、周囲は山や渓谷などの自然に囲まれた風光明媚な地域です。隣町は中之条という町で、四万温泉などの観光地として知られています。

我が家は、父・誠一、母・貞江、4歳上の姉・美里の4人家族でした。野球を始めたのは小学校3年生（1981年）のときで、原町ヤンキースという学童チームに入りました。当時のチームは3年生から入団できる形だったので、いつも遊んでいた周辺の同級生たちと一緒にチームに入ったと記憶しています。最初に買ってもらったグラブの皮

の匂いはいまでも忘れられませんし、初めて背番号をもらったときは誇らしかったのを覚えています。

その頃はプロ野球でいえば、1980年にジャイアンツの王貞治さんが引退して、1981年に原辰徳さんが東海大からジャイアンツに入団して新人王を受賞した時代になります。当時は、家族と一緒に家でプロ野球を観るのが大好きで、プロ野球選手たちのプレーを夢中になって追っていました。また校庭や公園では、多くの子どもたちがカラーバットを持って野球を楽しんでいました。私も例に漏れず、学校の昼休みや放課後に野球をするのが大きな楽しみでした。

少年時代は、野球と柔道の「二刀流」

私は小さい頃からまわりの子たちと比較して体が大きく、小学校高学年になったときには、すでに身長は175センチありました。そのため柔道教室にも通っていて、柔道と少年野球の「二刀流」でした。

柔道は、週末に道場に行って稽古をつけてもらっていました。体がひと回り以上も大きかったので、地域の大会で優勝して県大会に出場するなど、目立った存在でした。柔道のセンスはなかったと思いますが、柔軟や受け身の稽古をしていたので、大きいながらも身のこなしはよくなったかなと感じています。また、柔道の基本動作のほか「礼に始まり、礼に終わる」という〝道〟が自然に身についていきました。

少年野球では、ピッチャーとショートのポジションで、打順は4番でした。野球がうまかったとは決して思いませんが、サイズとパワーだけはあったのでピッチャーとしても球が速かったですし、打撃では当たればホームランになることも多かったです。いま思えば、体のアドバンテージが大きかったのですが、チームメイトと一緒に野球を楽しめたことで練習にも熱が入っていきました。うちのチームは個人の力はあったと思うのですが、やっぱり野球はチーム競技です。地区の決勝戦でいつも負けて、県大会には出場できませんでした。

少年時代を振り返って思うのは、小さいときにはいろんなスポーツを経験するのがよいのではないかということです。私は柔道と野球でしたが、いまは多くの選択肢があります。各分野の指導者に出会うことができますし、いろいろな世界を知ることもできます。自分や家族が気づかなかった、思わぬ才能が見出されるかもしれません。特定の競技の動きだけではなく、いろいろなスポーツの動きを体験することで、トータル的な身体能力が高まる可能性もあります。

健大高崎では、2023年12月に高崎市内の小学生を招いての第1回野球教室を開きました。生徒たちが企画して打ち合わせを重ねながら野球教室開催に至りましたが、子どもたちの笑顔からたくさんの勇気をもらいました。健大高崎には多くの運動部があるので、今後はほかの部活動とも協力しながら、子どもたちが野球をはじめスポーツに触れ合う場所を提供していきたいと考えています。

ラグビーの全国的な強豪校からオファーも前橋商へ

中学では、柔道部ではなく野球部に入りました。小学校からさらに身長が伸びて、180センチを越えていたので柔道部からも誘われたのですが、私の心は決まっていました。柔道が嫌いだったわけではありません。でも、柔道は個人競技です。団体戦もあるものの、組む相手はひとり。勝ったときはもちろんうれしいのですが、野球のようにチームで勝つ喜びとは違いました。

野球の魅力のひとつは、仲間と一緒に勝利を分かち合えることです。野球は、私のように体の大きい選手もいれば、身長の低い選手でも機動力や俊敏性を生かして、同じグラウンドで対等以上に戦うことができます。野球はほかのスポーツと比較して、いろいろなタイプの選手が活躍できる〝器〟があると感じています。代打や代走でもチームに貢献できますし、個性を持った選手たちでひとつのチームを作ることが、野球の大きな魅力のひとつではないでしょうか。

小学校も中学校も学区内の地域チームなので、全員がうまいわけではないですし、1学年で選手が揃うとも限りません。いろんな個性を持った選手がいる中で、バントやカバーリングなどみんなが役割を理解して、サポートし合っていくのが野球の面白さだと思います。私はたまたまエースで4番でしたが、みんなに助けてもらって勝つことの喜びを感じていました。

原町中学校野球部では、宮崎一先生（元・中之条町教育長）という監督に心身ともに鍛えられました。小学校時代は遊びの延長だった部分もありましたが、中学では本当に厳しかったです。ただ、当時はそれが当たり前だったので、必死に食らいついていきました。中学でもピッチャーとショートをやっていて、バッターとしては大会で何本もホームランを打ちました。

野球を始めた当初は、体の大きさだけで勝負できていたのですが、中学にもなればほかの選手も体が大きくなってくるので、簡単には打てなくなりました。努力することの大切さを覚えたのもこの時期です。中学3年生の進路選択のときには、東農大二や樹徳などいくつかの私学から話をもらいました。東農大二は、1980年代に4度の甲子園出場を果たしていた強豪です。また、高校ラグビーの名門でもあったので、ラグビーのフォワードとしての話もありました。中学3年時には、身長は185センチになっていたので「将来はラグビーの日本代表になれる」と熱心なオファーをいただいたものです。

高校時代は野球漬けで泥だらけの日々

私立強豪野球部や名門ラグビー部などからオファーをもらいましたが、私は県立の前橋商を選択しました。高校野球漫画の名作「タッチ」の原作者である漫画家・あだち充さんの母校でもあり、劇中の「明青高校」の校舎は前橋商の校舎をイメージして描かれていました。「タッチ」は、上杉和也・達也の双子の兄弟と、幼な馴染みのヒロイン・朝倉南が高校野球を通じて成長していく青春ドラマでしたが、私たちの前橋商は華やかな漫画とは無縁の野球漬けで泥だらけの日々でした。

恩師・東野先生が指揮をしていた前橋商は、私が中学生だった1986年夏に57年ぶりの甲子園出場を決めていました。五十嵐章人さん（元・ロッテ）がエース兼3番バッターで活躍してその印象が強かったのと、東野先生が何度も中学大会の試合を観に来てくれたことが前橋商を選んだ理由ですが、一番は甲子園に行きたかったからです。私が小・中学校の頃は、PL学園で桑田真澄さん、清原和博さんがプレーしていて甲子園で大活躍していました。

私は1988年春、憧れの甲子園出場を夢見て伝統校の門を叩きました。当時の前橋商は、高校サッカーでも実績を残していて、私が在籍していたときには全国高校サッカー選手権で2年連続ベスト4になるなど、とても運動部が盛り上がっていました。野球部もサッカー部に負けじと、全国的な強豪になることを狙っていたのです。

大きな影響を受けた恩師・東野威監督の情熱と厳しい指導

東野先生は、非常に厳格な監督でした。進学伝統校・前橋高出身で学習院大を卒業後、大手企業に就職したと聞きましたが、野球の指導者になるために帰郷したとのことでした。教員になったあとは富岡高で指導して前橋商に異動、そしてチームを57年ぶりに夏の甲子園出場へと導きました。

前橋商の練習は、中学までとは比較にならないほどすべてが厳しかったのを覚えています。東野監督と話すときは、いつも背筋が伸びました。前橋商は授業が終わったあとに、自転車で約20分の距離にある利根川河川敷の専用グラウンドに移動するのですが、そこで夜9時くらいまで練習していました。

高校1年のときは、努力というよりもとにかく練習についていくことで精一杯でした。東野監督は質と量の両方を大事にしていて、とにかく練習時間が長かったのです。〝永遠〟にダッシュ、〝永遠〟にランニングをしているイメージで、技術よりも精神的に鍛えられました。どんなに厳しくても練習が終わるまで、ひたすら耐えるしかありませんでした。

当時は練習中に水を飲ませてもらえなかったので、監督の目を盗んで利根川の水を手ですくったり、水筒を草むらに隠して水分補給をしたりしていました。東野監督に見つかったら罰則があるので、みんな匍匐《ほふく》前進で這いつくばって水を飲んでいました。

ただ、指揮官も本気でした。東野監督は、どんなに忙しくても生徒のそばにいてくれる指導者で、私たちはまったくサボれない状況でした。東野監督の教えは「継続は力なり」。私たちは、情熱みなぎる指揮官の指導のもと、朝から晩まで猛練習を重ねていきました。

ある日、東野監督が知人の結婚式に出席すると聞いて、私たち選手は「今日は、監督がいないから練習が楽になる」と喜んで油断していましたが、午後3時過ぎにはネクタイを緩めたタキシード姿の東野監督が、知人の運転する車に乗ってグラウンドに登場したのです。ユニホームに着替えると、顔を赤らめながらノックを打ち込んできました。あの姿を見たとき「この監督は本気だ。絶対に逃げられない」と思ったものです。

私が風邪をひいて、練習を休ませてほしいと懇願したときには「なぜ熱が出たのか」

「普段の健康管理はどうだったのか」「気が緩んでいるのではないのか」と説教が始まって、説得するのに1時間以上かかった記憶もあります。私自身には「厳しい練習が休める」という淡い期待があったのですが、そんな心境を察していたのかもしれません。

それ以来、選手たちは体調が悪くても監督には言わず、グラウンドでじっと耐えていました。練習欠席の許可をもらうのに1時間も要するのであれば、練習に参加してひたすら我慢していたほうが楽だと考えたからです。そのおかげで、私は学校も練習も皆勤賞でした。

東野監督自身も絶対に練習を休んだことがなく、自分にも厳しい人でした。野球への情熱と妥協なき姿勢が、私たち選手を根本から変えていきました。ミーティングでは「継続は力なり」を徹底的に叩き込まれて、継続することの大切さを教えてもらいました。厳しい反面、面倒見がよく、進路に関しても選手の希望を叶えるために奔走してくれました。レギュラーも控えも関係なく、全員に平等でした。私もいま、生徒を預かる立場になっていますが、東野監督の指導から大きな影響を受けているのは間違いありません。

夕食後にはコーチの自宅に行ってひとりで素振り

私は入学後、学校近くの食堂に下宿していました。そこは、同じ吾妻地区から出てきた運動部の選手たちがお世話になっていた場所で、同郷の先輩や同級生たちと一緒に新しい生活を始めることになったのです。ただ、練習時間が非常に長かったので、寝るために帰るだけの場所でした。

東野監督も厳しかったのですが、下宿の老夫婦もなぜか厳しくて、食事の時間に遅れたりすると怒鳴られていました。私たちは、練習でも怒られ〝お客さん〟であるはずの下宿先でも怒られるという過酷な日々を過ごしていました。風呂場にはネズミが出るような環境で、同部屋だったチームメイトの木暮則芳と一緒にげんなりしたのを覚えています。

練習後に寮へ戻って食事をしてからは、近くに住んでいた川岸欣一コーチ（故人）の自宅まで行って素振りをしなければなりませんでした。しかも、なぜか選手は私ひとりだけです。庭にある屋根つきの場所だったのですが、線香を一本立てられて、その火が消えるまでの約30分間、無心でバットを振り続けました。素振りを終えたあとは、褒美の牛乳を飲んで下宿に戻るという生活でした。

高校2年からは、姉が就職のため隣接する高崎市に住むことになり、自分も下宿を出ました。姉も新社会人で忙しかったと思いますが、弁当を作ってくれたり、野球の応援に来てくれたりしていました。姉との生活が、高校野球生活の安らぎになっていたのは間違いありません。

ちなみに自分が3年生のときには、住吉信篤が入学してきました。住吉は大学卒業後、前橋商、高崎商コーチを経て高崎商の監督になると、私よりも先の2006年にセンバツ甲子園に出場。その後も2009年にセンバツに行き、2023年夏には、母校の前橋商も甲子園へと導きました。この年は、東日本エリアで唯一公立での甲子園出場になっています。県立で3度の甲子園出場は、群馬県の現役監督では最多です。彼には、健大高崎の創部当初からサポートしてもらっていて、いまでも交流が続いているほか、県大会でも対戦しています。前橋商出身の高校野球監督同士、ともに群馬県を盛り上げていきたいと考えています。

群馬1位で秋季関東大会へ
——監督が教えてくれた4番の役割

自分たちの世代は、キャプテンで主軸だったキャッチャー・池田亘（元・東京ガス）と、ストレートとカーブのコンビネーションが特長の左腕エース・石井伸之のバッテリーを軸にしたチームでした。187センチ81キロの体だった私は4番・ファーストで固定されて、得点に絡む役割を任されていました。キャッチャーの池田は、攻守の高い技術に加えてキャプテンシーも兼ね備えていて、チームを牽引する存在でした。

私は中学、高校時代は副キャプテンでした。性格的にキャプテンタイプではなく、主将を支える立場です。選手としては、4番としての自分の役割を果たすことだけを考えていました。高校時代のチームメイトは私が将来、高校野球の監督になるとは考えられなかったと思います。

前橋商は伝統的に堅実な守備を土台にしたチームですが、この世代は波に乗ると一気に畳みかける打撃力も兼ね備えていました。私たちは、1年生だった1988年秋に県大会で優勝しましたが、関東大会で負けてセンバツ出場を逃していました。

連覇がかかる1989年の秋季県大会でしたが、初戦から簡単な試合はありませんでした。ただ、一戦一戦を勝つことでチームに粘り強さが生まれていきました。準々決勝の樹徳戦は5回まで4対3とリードしていましたが、7回に2点を奪われて4対5で9回裏を迎えました。敗戦も覚悟した非常に難しい展開だったのですが、9回に私のヒットなどでチャンスを作ると、一死満塁から代打・武井和浩のヒットで2点を奪い、劇的な逆転サヨナラ勝利で準決勝へと勝ち上がりました。

準決勝の太田東戦では、序盤は相手投手を打ちあぐねていたものの、4回に私のタイムリーで同点に追いつくと打線に火が点きました。一気呵成となったチームは4、5、6回の3イニングで計9点を奪ってゲームの主導権を手繰り寄せることができました。終盤に失点して結果的には9対5となりましたが、決勝進出が決定。これで、関東大会出場の切符を手にしました。

群馬県1位をかけた決勝戦は、前橋工との伝統の一戦になりました。前橋工は、1960~1980年代前半にかけて計8度の甲子園出場を果たした強豪で、西武ライオンズにドラフト1位（1983年）で入団した群馬のレジェンド・渡辺久信さん（西武監督やGMを歴任）を輩出しています。

伝統とプライドがぶつかり合う戦いは、相手に先手を取られる形で5回を終えて1対4。しかし、7回に相手投手の制球が乱れたところを攻め込んで、主将・池田の同点タイムリーで4対4の同点に。ゲームは9回でも決着せず、延長戦に突入していきました。そして延長13回に、サヨナラスクイズで激闘に終止符を打つことになりました。

県大会を通じて3番の主将・池田、2番・ショートの西村佳行、7番・センターの堀越哲哉たちが5割近い打率を残していた中で、私は25打数6安打の打率2割4分、打点3の成績でした。チームが勢いづいていた状態で、4番としての仕事をなかなか果たせない自分にもどかしさがありました。ただ、東野監督は「4番はどんなときもどっしりと構えていればいい。たとえ打てなかったとしても、落ち込んだ姿は見せるな。それが4番バッターだ」と、4番の心構えを教えてくれました。私は監督、仲間のために力になりたいと思って、黙々とバットを振り続けました。

関東大会ではホームランを放つも準々決勝で敗退

センバツ出場への重要な参考資料となる秋季関東大会は、埼玉県で開催されました。横浜商、春日部共栄、銚子商、宇都宮学園（現・文星芸大附）、東海大甲府ら関東の強豪が集結し、群馬県からは前橋商と前橋工が参戦しました。

前橋商の1回戦の相手は、埼玉県大会で7試合11本塁打の長打力を誇る大宮東（埼玉2位）でした。初のセンバツ出場を目指す私たちは、まずは初戦を突破して、甲子園に一歩でも近づくことだけを考えて準備を進めていきました。

大宮東戦は、緊張感漂う中でのプレイボールとなりました。3回までスコアは動かずに0対0で4回へ。前橋商は、4回に井草のタイムリーで1点を先制しましたが、5回に2ランを打たれて1対2と嫌なムードが漂いました。そして6回、先頭打者として私に打順が回ってきました。1、2打席は凡退していましたが、東野監督の言葉どおりに気持ちを落ち着かせて、打席に入って大きく深呼吸。カウント1ストライクから2球目のストレートをフルスイングすると、真芯で捉えた打球は低い弾道でライトスタンドまで一直線で飛んでいきました。

同点ホームランで波に乗ったチームは、そのあと1点を奪って逆転に成功。終盤はエース・石井が緩急をつけたピッチングでしっかり抑え、3対2で勝利してベスト8進出となりました。県大会からなかなか打てずにチームに貢献できていなかったので、私の中にはほっとした部分がありました。

準々決勝は、東海大甲府（山梨1位）との対戦となりました。センバツ当確となるベスト4進出をかけたゲームは、緊迫した投手戦に入っていきました。相手のエースは榎康弘で、大会屈指の好投手でした。榎は高校3年秋にロッテからドラフト指名を受けて入団。ロッテと巨人で計8シーズンプレーして、いまではスカウトをやっています。選手の視察で健大高崎にも来てくれるので、榎には不思議な縁を感じています。

さて、勝てばセンバツ当確となる大一番、前橋商は3回に得点圏にランナーを進めましたが、チャンスを生かせず先手を奪えませんでした。試合は互いのエースの好投によって、どちらも一歩も譲らず0対0のまま延長戦に入っていきました。1点勝負となった中で、私たちは10回表に守備で耐えることができず、痛恨の3失点。裏の攻撃で反撃を試みましたが、力及ばず0対3で屈する結果となりました。

大雪の日に届いたセンバツ切符
――甲子園出場の夢が現実に

関東4強進出を逃したことで、私たちのセンバツ出場は絶望的になったと思われました。しかし、ベスト4となった春日部共栄（埼玉3位）が準々決勝で、対戦相手の食中毒によって不戦勝となっていた上に、準決勝の東海大甲府戦でコールド負け。ベスト8で終わった前橋商は、東海大甲府と延長まで接戦を演じていたことから、ベスト4の春日部共栄との比較などで出場チャンスがあることが報じられました。

そして、1990年2月1日の選考会で吉報が届きました。私たちは、選考当日も通常どおりに利根川河川敷のグラウンドで練習する予定でしたが、大雪となって学校練習に予定を変更していました。トレーニングをしている間に高野連から学校に電話連絡があり、センバツ出場の報せを聞きました。関東大会の準々決勝で負けたときは、センバツ出場が完全に消えたと思っていたので、本当に運がよかったです。校長から報告を受けたあとは、大雪の校庭で東野監督を胴上げしたことが思い出に残っています。

前橋商にとっては初のセンバツ出場決定となりましたが、そこから甲子園出発までの約1か月半は慌ただしい毎日でした。夏の甲子園は、大会優勝後に約1週間で兵庫に向かって開幕を迎えますが、センバツは間隔が空くのでチームとして新聞やテレビなどの取材を受けたりして、貴重な経験を積む機会になります。もし、秋の関東大会でセンバツ出場を〝当確〟にできれば、5か月間という長い時間を与えられることになります。それが、春と夏の甲子園の大きな違いだと感じています。

監督の立場となったいま、生徒たちに伝えているのは「この時間を有効に使ってほしい」ということです。甲子園に向けて過ごす冬は、心技体が充実するので大きな成長の場となります。多くの取材を受けることになりますが、大人と話すことは社会勉強にもつながると考えています。

取材が多すぎて練習に影響が出てしまうとか、選手がスター気分になってしまうなどの声を耳にすることもありますが、私は積極的に取材を受けるべきだと感じています。取材を受けたり、あいさつに出掛けたりするのは社会を知るチャンスです。学校にとっても長い期間、話題にしてもらえるので本当に感謝しています。高校野球は、たくさんの方々に支えられて成り立っていることを理解して、自分たちの学びの場にしていければと考えています。

夢舞台の甲子園では、3三振のほろ苦い思い出

甲子園は夢のような時間でした。出場決定から大会開幕までの約2か月は、充実した日々になりました。利根川河川敷の前橋商のグラウンドには冬場、赤城山から「赤城おろし」と呼ばれるからっ風が吹きつけるのですが、センバツ出場という大きな希望があったおかげで、私たちはどんな寒さにも耐えることができました。私は甲子園で、チームの勝利に貢献することだけを考えて練習に励んでいました。

センバツ出場が決まったのが2月1日で、甲子園に向けて出発したのが3月21日です。出発日の壮行会では、前橋駅で多くの人が見送ってくれて、地元の期待を大きく背負っての甲子園入りとなりました。同24日に兵庫県内で抽選会が実施され、初戦2回戦の対戦相手は四国大会準優勝の新田（愛媛）に決まりました。

当初は同28日の試合予定でしたが、当日のゲームが雨天順延となって29日に甲子園本番となりました。残念だったのは、雨天中止によって日帰り応援バスで来ていた応援団の大半が、群馬に戻ることになってしまったことです。

初めての甲子園は、夢のような場所でした。グラウンドに出た瞬間に、テレビで見ていた景色が広がり、感動したのを覚えています。ただ、試合では全国のレベルを思い知らされることになります。新田は、前評判どおりに力強い野球をしてきて、前橋商はじわじわと点差をつけられていきました。私たちは、初のセンバツで自分たちの力を発揮することができず、7回表の時点で0対9。7回裏に主将の池田がソロ本塁打を放って一矢を報いましたが、反撃はそこまでで1対9の完敗となりました。

4番の私は、初回のチャンスで打てなかったほか、相手ピッチャーの変化球に対してタイミングがまったく合わず、3三振でセンバツを終えました。緊張もあったのは確かですが、完全なる力不足でした。日々、厳しい練習を重ねてきたので手応えはあったものの、全国のレベルは想像以上に高いと感じました。上には上がいると言いますが、普段からこのレベルの相手をイメージして練習しなければいけないんだと痛感しました。当時の私は、井の中の蛙だったなと思います。

新田はそのまま決勝まで勝ち上がって、準優勝となりました。私にとってのセンバツは、甲子園に出た喜びと、大舞台での3三振の悔しさが入り混じる複雑な記憶となっています。特別な時間であったことは間違いないのですが、出発式から抽選会、そして試合……。甲子園ではすべてが分刻みのスケジュールで、あっという間に時間が過ぎていった印象です。

試合でも、考える間もなく次の打順が回ってきてしまった感覚で、自分の中でバッティングを修正することができませんでした。初戦で負けてしまったので、帰路の前橋駅には一部の学校関係者と家族以外に出迎えはなく、祭りのあとのような寂しさを感じました。繰り返しになりますが、私にとっての甲子園は、センバツ出場決定の喜びから開幕までの充実した日々と、3三振のほろ苦い思い出とが重なり合った特別な場所だといえます。

情熱を持った仲間との出会いが高校時代の財産

センバツ後には、夏の群馬大会に向けてチームとして気持ちを引き締め直しました。東野監督は、センバツ甲子園に行ったことを忘れさせてくれるくらい、ハードな練習を私たちに課しました。春夏連続の甲子園出場をかけて群馬大会に臨んだ私たちは、3回戦で高崎商と対戦しました。

4対5でゲームの佳境を迎えたのですが、タッチアップのシーンで三塁ランナーだった私が、回り込む形でキャッチャーをかわしてホームベースに触れました。しかし、相手から触っていないというアピールがあり、キャッチャーにタッチされてアウトになったのです。その判定に球場全体が騒然となり、試合は30分くらい中断しました。しかし、結局その判定は覆らずアウトのままとなり、前橋商は4対5で3回戦敗退となったのです。私たちに勝利した高崎商はトーナメントを勝ち上がると、そのまま群馬大会を制して甲子園出場を決めました。

最後の夏は、疑惑の判定によって3回戦で敗れて、私たちの高校野球は終わりました。前橋商での2年半で、休みは大晦日と1月2日の年間2日のみ。それ以外は毎日グラウンドに出て野球しかやっていなかったので、心にぽっかりと穴が空いたような心境でした。毎日が辛い日々でしたが、終わってみるとかけがえのない時間だったと思います。前橋商で東野監督の指導を受けられたこと、そして情熱を持った仲間たちと出会えたことは私にとって大きな財産となりました。

最後に夏の甲子園出場は逃しましたが、センバツに出場できたことは大きな勲章です。甲子園で勝つことはできませんでしたが、小学校時代からの憧れの場所だった甲子園の雰囲気はやはり格別でした。私はこの頃から、将来は高校野球の指導者になって「監督として甲子園を目指したい」を考えるようになりました。

そして、1990年の自分自身のセンバツ出場から34年後の2024年、私は健大高崎の監督として甲子園の舞台に立ち、選手たちの手によって甲子園で胴上げされることになったのです。優勝した瞬間には、自分の高校時代の甲子園に始まり、健大高崎野球部創部当初の出来事などが走馬灯のように脳裏に蘇ってきて、涙が止まりませんでした。

センバツの優勝旗を持って高崎駅に降りたときには、500人以上のファンが出迎え

夢を育てる３年間。
高崎健

てくれました。そして、健大高崎の校舎に戻ってからも、多くの学校・チーム関係者のみなさまから温かい出迎えを受けました。愚直に努力した先に、こんな人生が待っているとは想像すらできませんでした。

継続は力なり
――情熱指導を継承する責務

前橋商時代を振り返って思い出されるのは、東野監督の情熱指導です。故郷から前橋市に出てきて、右も左もわからなかった私に期待してくれて、ときに厳しく、ときに優しく指導してくれました。

高校時代を思い返したときには、必ず東野監督の厳格な佇まいと言葉が蘇ってくるので、それだけ心に残っているのでしょう。東野監督が、未熟だった私を大きく変えてくれたのは間違いありません。

1990年のセンバツ出場につながった秋季県大会から関東大会までの戦いは、すべてが激闘でどちらに転んでもおかしくないゲームの連続でした。決して力のある世代ではなかった自分たちが各試合を勝ち切れたのは、日々の厳しい練習に耐えて苦難を乗り越えていったからにほかなりません。

秋季関東大会の1回戦で、私が同点ホームランを打てたのも、下宿での食事のあとに、線香を立てて黙々とバットを振り続けたからだと思います。まさに「継続は力なり」の結果でした。関東大会では、1勝しただけでセンバツ切符が届くことになりましたが、準々決勝の東海大甲府戦で9回まで0対0で耐え抜いて、接戦を演じたことによって可能性がつながりました。

この試合は、最終的には延長戦で敗れてしまいましたが、どこかで集中力が切れて点差が離れてしまっていれば、センバツ選出も含めて違う結末になっていたことでしょう。東野監督の練習は、いまでは信じられないくらいの長時間でしたが、当時はそれが当たり前でした。そしてそのおかげで、私たちに耐える力が養われたのだと思います。

また、私が指導者を志すきっかけになったのは、前橋商が「全員野球」で「全員が平等」だったからです。当時の前橋商には100人の部員がいましたが、全員が同じように走って、同じようにバッティング練習をしていました。

私は全員が同じ方向に向かって、努力するチームが大好きでした。卒業後は東北福祉大に進むことになるのですが、志望理由は教員免許が取れるからでした。東野監督に「将来は高校野球の指導者になりたい」と伝えたときは、微笑んでくれたように感じています。２００２年の健大高崎野球部の立ち上げ時に、声をかけてくれたのも東野監督でした。私にとっては人生を支えてくれた恩師なので、監督就任前後に自宅を訪問して感謝を伝えるとともに、色紙に直筆で「継続は力なり」と書いていただいて監督室に飾っています。

東野監督は、前橋商指揮官を勇退されたあとに高崎東を経て、私立明和県央の監督を務めました。２０１７年には、指導50年を記念して感謝の集いが開かれました。高校野球を取り巻く環境は大きく変わっていますが、生徒に寄り添って人としての成長を促すという指導の原点は変わっていないと思います。東野監督の野球に対する情熱と妥協しない信念、そして誰に対しても平等な指導は、私たち教え子が次世代へと継承していかなければならないと考えています。

継続は力なり
東野威

高崎から日本一

健大高崎が甲子園に何度か出場したあと、2010年前半に掲げた横断幕になります。創部から10年目の2011年に甲子園初出場という目標を実現することができましたが、次の目標として日本一を掲げていきました。

群馬県では1999年夏に桐生市の桐生第一、2013年夏に前橋市の前橋育英が全国制覇を成し遂げています。健大高崎は、高崎市に支えられてきたチームなので「高崎から日本一」を実現することで地域に恩返しをしたいと考えました。

健大高崎チームスローガン 6

スペクタクルベースボール

2020年１月から、グラウンドに掲示している言葉です。スペクタクルとは光景や情景を意味し、強い印象を植えつける演出という意味でも使われています。この言葉は、現・高崎市議会議員の角倉邦良氏との会話の中から生まれました。

2019年秋、私たちは関東大会で優勝を果たして明治神宮大会に出場しました。各地区の優勝校が集う大会でも進撃を続けて、準優勝という結果を残すことができました。一戦ごとに進化を遂げたチームは、全国制覇が狙える位置まで辿り着きました。

高校野球は部活動ですが、見てくれる方にとってはエンターテインメントのひとつです。球場全体がワクワクするような壮大な野球を見せて、高校野球の素晴らしさや魅力を伝えていきたいと考えています。

第4章

チーム作りは組織作り

社会人時代に学んだマネジメント術で「組織破壊」へ

教員を目指して東北福祉大に進学

大学は、東北福祉大へ進むことになりました。夏の大会が終わったあと、東野監督のアドバイスもあり、明治大や青山学院大などのセレクションを受けに行ったのですが、全国の強豪校から選手が集まってきていた中で、自分の実力と実績では合格することができませんでした。そんな状況で紹介されたのが、チーム強化を進めていた東北福祉大でした。

そして、東北福祉大の伊藤義博監督と東野監督とのご縁もあり、お世話になることに決めたのです。私は将来、高校野球の指導者になりたかったので社会福祉学部で教職課程を選択しました。前橋商からは、センバツメンバーの井草も一緒に入学しました。大学の先輩たちは、いま考えると錚々たるメンバーで部員数は1学年80人以上、4学年で300人を超えていました。前橋商以上の規模とスケールに私は圧倒されたものです。

1989年度卒の大魔神・佐々木主浩さん（元・マリナーズほか）や1990年度卒

の矢野燿大さん（元・阪神監督）など先輩たちがプロ入りし、私が入学した1991年度には、斎藤隆さん（元・ドジャースほか）や金本知憲さん（元・阪神監督）たち4年生の先輩が全日本選手権で初優勝を果たすなど、全国で台頭していった時期になります。

ひとつ上には三野勝大さん（元・巨人）、ひとつ下には門倉健（元・中日）たちもいました。当時の東北福祉大では、野心とポテンシャルを秘めた個性的な選手たちがプロを目指していて、グラウンドには野望があふれていました。高校時代のように、監督が常に面倒を見てくれるわけではありません。努力するのも、努力しないのも自分次第です。自立が求められる場所で、高校野球とはまったく違った厳しさを感じました。

私の同期には、西武や中日でプレーして2000本安打を達成した和田一浩がいます。和田は大学時代まで体はそれほど強くなかったと記憶していますが、社会人の神戸製鋼に2年間在籍して雰囲気が変わりました。最終的にはプロで2000本安打を記録しましたが、大学卒業後に並々ならぬ努力があったと推測します。

おかやま山陽監督・堤尚彦との出会い

同期で仲が良かったのは、現在おかやま山陽で監督を務める堤尚彦です。東京の都立高校から浪人して東北福祉大に入学してきたので、年齢はひとつ上なのですが同期として同じ時間を過ごしました。

堤は、高校野球強豪校からのルートではないので、異色の存在でした。しかし情熱と野心が強く、当時から何か大きなことをやってくれそうな雰囲気が漂っていました。大学卒業後には、青年海外協力隊に加わって、アフリカのジンバブエで野球指導と普及に関わっていたと聞いています。自分には考えもつかない行動を取る堤には、いつも仲良くさせてもらっていながらも、常に〝一目置いて〟いました。

帰国後はスポーツマネジメント業界に就職したと聞いていたので、それも彼らしいと思いましたが、2006年におかやま山陽の監督として高校野球の世界に飛び込んできました。私の創部当時と同じで多くの苦労があったと思いますが、堤は「転んでもただでは起きない」タイプです。絶対に成果を残すと考えていましたが、就任12年目の2017年夏に甲子園初出場を決めると、翌2018年春にはセンバツにも初出場。2019年には、学校の了承を得て、東京五輪アフリカ予選でのジンバブエ代表監督も務めています。そして、2023年夏には、甲子園で3勝を挙げてベスト8に進出しました。

世間から一躍脚光を浴びていましたが、堤の魅力は大学4年間ほぼ毎日一緒に過ごした私が一番よく知っています。群馬と岡山で距離が離れているため、なかなか会うことはできませんが、常に連絡は取り合っています。大学の同期同士、甲子園で対決する日が来るのを楽しみに待っていますが、もしそういう機会に恵まれたら、せっかくなので決勝戦で対戦したいと思っています。

大学時代に控え部員として経験した「日本一」

大学では自分の実力不足によって、出場機会はほとんど巡ってきませんでした。高校野球では全員が平等で、みんなで支え合いながら大会に向かっていきますが、大学では個人の力が大前提です。私は、前橋商時代に4番でセンバツに出場したという実績がありましたが、それも前橋商のチームメイトが支えてくれていたからですし、4番バッターとしての競争が少なかったことを大学に入って痛感しました。

大学では、最初の打撃練習や1年生試合で〝ふるい〟に掛けられていきます。もしチャンスをもらえたとしても、結果を残し続けなければ次はありません。部員は300人以上もいて、フィールド上の各ポジションは約20人による競争となります。代役は、いくらでもいるのです。私は、体が大きく目立っていましたが、フィジカル的にも技術的にもプロ予備軍の先輩たちとはレベルがかけ離れていました。

1年生のときは、堤たちと一緒にグラウンドの〝土作り〟に勤しんでいました。グラウンド整備をしながらチャンスを待つと言えば聞こえはいいのですが、チャンスが巡ってくるのは少ないことをみんなが理解していました。それでもグラウンドには仲間がいて、それぞれの高校時代の思い出や将来の夢などを語り合いながら時間を過ごしていました。チームは公式戦に出場するA班、二軍にあたるB班のほか、私たちのようなその他大勢のC班に分かれていました。

雨の日には、A班が室内練習場でのトレーニングになり、B班はサポート役に回ります。私たちC班は、居場所がないので「自宅待機」を言い渡されていました。「休み」であればどこかに出掛けたり、自由に過ごしたりできるのですが「自宅待機」なのでアパートから出ることもできません。現在は全寮制になっているようですが、私たちの時代はトップ選手だけが寮生活で、それ以外の選手はグラウンド周辺にアパートを借りていました。

厄介だったのは、時折アパートに電話連絡が入って、雑用係として練習場に呼び出されることです。もし、電話に出なければ、後日罰則を言い渡されました。そんな頻繁に電話が来ることはなかったのですが、悪いことをしないように自宅に〝軟禁〟していたのだと思います。

堤とはアパートが一緒だったので、ともによく時間をつぶしていました。C班に一度入れば〝確変〟でもしない限り、B班以上に昇格することはありません。私の場合は、大学2年生のときの新人戦に呼ばれて4番で起用されましたが、結果が出なかったことに加えて高校時代から脱臼癖があり、その繰り返しでまたB班、C班に〝送還〟されていました。

この状況に耐えられない選手は、次々に辞めていきました。私は、前橋商時代に苦境に耐える〝免疫〟がついていたので、なんのストレスもありませんでした。東北福祉大は、すでに全日本選手権の常連となっており、私が入学した1991年度には初の全国制覇を達成しました。東京六大学や東都に行きたくても行けなかった選手が多かったと思いますが、東京六大学や東都のチームを倒して日本一になるという覇気とハングリー精神が、グラウンド全体にみなぎっていました。

私は試合を観戦していただけでしたが、このときに初めてチームとしての「全国制覇」を経験しました。前橋商時代の目標は、群馬県で優勝して甲子園に出場することでしたが、大学での目標は「日本一」。目標設定が変わったことで、景色が変わっていったのを覚えています。

日本一のチームの一員として学ぶ

大学3年生のときに試合に絡めなかったことで、私には授業に出席する時間的な余裕がありました。東北福祉大を選択した理由のひとつには教員免許の取得があったので、同級生の堤と一緒に授業に出て教職課程の単位を確保していきました。現在の東北福祉大野球部の選手たちは、社会福祉学部ではなく総合マネジメント学部などに所属しているため、昔とは教職課程の制度が変わっているそうです。

私にとって教職課程は非常に新鮮な分野で、野球と同じくらい興味が湧く内容でした。大きく分ければ「担当教科」と「教える（指導）こと」についての勉強ですが、教える・伝えることについて考えるいい機会になりました。80人以上の同期がいた中で、最後まで野球部に残ったのは15人程度です。そして教職免許が取れたのは、私と堤を含めて数名だったと思います。

元来、私は飽きっぽい性格なのですが、夢中になったことに関してはとことんのめり込むタイプです。前橋商時代に、東野監督の「継続は力なり」が刷り込まれたことによって、どんな困難があってもじっと耐えられる精神力が身につきました。大学4年生のときには、教育実習で前橋商に受け入れてもらって、東野監督に教師としてのイロハも教えてもらいました。

私は大学4年生になってからは、野球をした記憶がありません。もちろんプレーしたかったのですが、もう一方で「強い組織」のマネジメントを学び「強い組織の一員」でいたいという気持ちがありました。

試合にはまったく絡めないので、野球部に残っても意味がないという考え方も否定はしません。ただ、私は日本一を達成した野球部から技術だけではなく、組織の作り方も学びたかったので、どんな立場でも野球部にいることが大切だと考えていました。

退部届けを出すのは簡単ですが、そうすることによって入手できる情報が限られてしまいますし、人脈が薄れてしまう可能性もあります。入学時に80人以上いた同期は、最終的には15人くらいに減ってしまいましたが、私は東北福祉大野球部の一員として卒業したかったのです。もし逃げてしまっていたなら、2002年の健大高崎野球部の立ち上げ時に、私に声がかかることはなかったでしょう。

大学時代の私には何の実績もなく、野球に関していえば「空白」です。しかし、あの時間があったからこそ、控え選手の心境が理解できますし、日本一になるチームのマネジメント、モチベーションなども知ることができました。

人生に無駄な時間はありません。無駄と感じてしまうのは、自分が学んでいないからかもしれません。グラウンドの〝土作り〟もC班で過ごした時間も自宅待機も、すべては自身の考え方次第で変わっていくものだと思います。選手としての大学実績はありませんが、東北福祉大野球部のグラウンドで過ごした時間とプライドは自分の財産になっています。

軟式野球で野球の難しさと奥深さを実感

1995年の大学卒業時には教員の道を考えていたのですが、群馬県公立学校教員試験に通らなかったこともあり、群馬県館林市にある自動車部品メーカー・橋本フォーミング工業株式会社（現・株式会社ファルテック）に就職しました。軟式の実業団チームを持っていて、大学を通じて選手兼社員としての誘いをもらったのです。本社は神奈川県の企業ですが群馬に事業所とグラウンドがあり、最初は生産管理部に配属され、最終的には総務部で働きながら軟式野球でプレーする社会人生活が始まりました。

高校、大学と硬式をやってきたので、誘いをもらったときには戸惑いもありました。でも、軟式ながらもグラウンドを含めて練習環境が整っていて、会社として野球部を応援する姿勢が感じられて好感を持ちました。待遇面では選手寮費と食費を全額補助してくれて、グラブなどの軟式道具も一部支給してもらっていたほか、野球部専用の大型バスがあって移動や遠征に利用していました。群馬県実業団軟式野球大会で優勝したり、国体にも多くの選手が選ばれたりしていたのでレベルも高かったです。

私は何よりも、生まれ育った群馬県でプレーできることをうれしく思いました。大学卒業時に、県外の社会人チームに入ったり、都内で別の仕事を選んでいたりしたら、いまの私はありません。どこかひとつでも人生の選択が違っていれば、健大高崎とのご縁はなかったと思います。

地元でプレーするのは高校以来で4年半ぶりでしたが、前橋商時代を覚えていてくれたファンも多く、選手としてプレーする喜びを思い出しました。大学時代に活躍できなかった鬱憤を晴らすべく軟式の大会に出場したのですが、硬式とは打ち方が違うのとボールが柔らかくて軽いので、飛距離がなかなか出ません。相手のピッチャーも、レベルや経験値の高い選手が多く「元前橋商の4番」に対して気迫のピッチングをしてきました。タジタジになるゲームもあり、野球の難しさと奥深さを私は改めて知ることになりました。

社会人軟式野球は、いかに守って、いかに1点を奪っていくかがポイントです。それは、のちの健大高崎の戦いにもつながっていきました。

人と人とのつながりの大切さと、適材適所で仕事をする重要性

橋本フォーミング工業での生産管理部の仕事で忘れられないのは、クレーム処理の仕事で横浜の大黒ふ頭に行って、大型フェリーに荷詰めされる乗用車の部品をチェックしたことです。海外に輸出される自動車の量とスケールに圧倒されたのと同時に、品質管理業務の責任の重大さを実感しました。また、総務部では人事を担当し、人と人とのつながりの大切さや、適材適所で仕事をする重要性を学びました。

順調な社会人生活だったのですが、不況などによって野球部を取り巻く環境に変化が生じます。4年目を終えた時点で、野球部活動の縮小の話が浮上してきました。近い将来、グラウンドもなくなるという情報も聞いたので、早期退職制度に応募する形で橋本フォーミング工業を退職しました。

故郷の東吾妻町に帰ることにした私は、1999年に野球の縁でつながっていた地元

隣町の総合建設会社・久住土建株式会社に入社し、品質管理と総務の仕事を任されることになりました。

その頃、地域エリアに「八ッ場ダム」という大きなダムの建設が進んでいて、地域の景気が上向きでダム関係の公共工事のほか、民間建築工事等も多く受注していました。1999年は、桐生第一が左腕エース・正田樹を擁して、夏の甲子園で群馬県勢として初の全国制覇を果たした年です。私は、桐生第一が勝ち上がるのを社内のテレビで横目に見ながら、仕事をしていたのを覚えています。

「総務課係長兼品質管理部室長」という長い肩書きをもらった私は、品質管理の国際規格「ISO9001」認証の申請書類作成や手続きなどを担当しました。国や町などの行政や大手ゼネコンから仕事を受けるには、認証を取らなければならず、会社はその必要に迫られていたのです。

「ISO9001」は、製品・サービスの品質を継続的に向上させていくことを目的とした、品質マネジメントシステムの規格です。社内の各担当者から話を聞いた上で、各所に散らばっていた細かなデータを整理して、会社のデータを集約するとともに認証書類を私が作成していきました。

「ＩＳＯ９００１」について学んでいくと、品質管理、品質向上のための組織体制の強化、仕事の円滑化、リスクマネジメント、コストカット、業務の属人化を改善するための仕組み作り、企業価値の向上など多岐に及ぶことがわかりました。

組織図から学ぶチームビルディング

会社員時代のデスクには、必ず会社の組織図が置いてありましたが、私は毎日眺めながらなんで組織図が必要なのかを考えていました。そして「ＩＳＯ９００１」認証作業を担当することによって、組織図は指揮系統の構築や責任の所在などを、はっきりさせるためのものでもあるということが理解できました。

品質管理や組織作りは、チームの仕組み作りと同じだと思いました。また、中小企業だったので、コストカット意識が高く「ＩＳＯ９００１」認証の担当になったことで、私自身のコストへの意識も高まりました。この社会人時代の実務経験が、その後の健大高崎での指導者人生につながっていくことになります。余談になりますが、中小企業から教員の世界に飛び込んできたときには、時間の使い方を含めた企業と学校のコストへの意識の違いに、ずいぶん驚いた印象があります。

監督になったばかりの頃は、すべてをひとりでまかなう状態だったため、野球部に関する無駄な作業、無駄な時間などはカットしていきました。野球部のマネジメントについては、当初は自分しかいなかったのでひとりでやるしかありませんでしたが、常に企業組織図のイメージが私の頭の中に残っていました。創部から4年目の2005年に生方コーチが加わりましたが、その頃から私は現場を彼に預けて、選手の視察や学校との調整など自分がやるべき仕事に徹していました。

どんなに小さなチームでも、組織図はあったほうがいいと私は考えています。組織図は、コーチ陣を含めたチームの形を示したものです。役割や指示系統もはっきりしますし、組織が機能するための土台になると思います。また、その仕事を任せることで意欲が高まり、責任感も芽生えてきます。

私もまだまだ試行錯誤を繰り返している状態ですが、組織図を作るだけではなく、それを使ってチームを実際に動かしていくことが大切なのかなと考えています。会社は、良い資材、良い人材を集めてサービスを提供していきますが、野球部は、野球という競技を通じて選手を育てて社会に送り出す役割を担っています。健大高崎は「組織で育てて、組織で勝つ」野球部を目指しているのです。

社会人野球で知ったチーム編成の面白さ

幸いなことに、久住土建でも野球に携わることができました。社長が野球好きで、社内に軟式野球チームを持っていたのです。群馬の軟式野球は強い順にA、B、Cのクラス分けになっていて、橋本フォーミング工業はAクラスでしたが、久住土建はCクラスでした。草野球の延長のようなチームだったのですが、私は品質管理部室長兼任で野球部ゼネラルマネージャーの役割をもらい、チーム強化に携わりました。

基本は社員の選手たちでチームを構成しているのですが、外部から5人まで獲得することが可能で、私は前橋商の後輩たちに声をかけてチームに入ってもらいました。社長の許可をもらって、社員としてリクルートしたこともあります。社長も気前がよくて、試合に勝つと選手全員に焼肉をご馳走してくれたりして、みんなが俄然やる気を出すようになっていきました。

試合後にみんなで食事をしながら、ゲームを振り返ることで一体感が高まり、チームだけではなく社内の雰囲気も良くなっていきました。それまで話をしたことがない人も話しかけてきてくれたり、応援に来てくれたりして会話が弾みます。これも、スポーツの魅力のひとつだと思います。

私は、チームの弱いポジションを補充するために、積極的にスカウティングをしていたので、チームは着実に強くなってAクラスまで昇格しました。ライバルチームの主力選手のところに、何度も足を運んで〝移籍〟してもらったこともあります。そうすると自分たちのチームの戦力が高まる上に、相手チームの力が落ちるので二重の効果があることも知りました。私は知らず知らずのうちに、チーム編成の面白さを感じるようになっていったのです。

ただ、その後は地域の公共事業の縮小によって、野球部の活動も少なくなっていきました。野球から刺激が欲しかった私は、地元の硬式チームにも加入して再びグラウンドに立ったりもしていました。30歳になっていたので周囲からはもう落ち着いたほうがいいなどと言われましたが、休日には朝早く起きて試合に出掛けていました。そのほかに地域のソフトボールにも参加していて、バットとボールがある場所には必ず駆けつけていました。

そんな生活を送っていた2002年の1月。恩師である東野先生から一本の連絡が入りました。

「健大高崎が野球部を作るために監督を探している。一度、話を聞いてみないか」

大学を卒業してから8年。指導者になりたいという思いをどこかに抱え、一般企業に入って社会人としての生活を送りながら、地域の野球に携わってきました。私にとっては、レベルとかカテゴリー、軟式、硬式に関係なく、野球ができる環境を求めていた気がします。恩師から連絡を受けた時点で、環境や待遇に関係なく、自分の中で心は決まっていました。

健大高崎という学校組織の強さ

こうして、2002年4月から健大高崎の教員となり、野球部の監督に任命されたのですが、企業と学校の組織の違いを感じて、最初は不安しかありませんでした。生徒たちの前では「甲子園に行くぞ！」とぶち上げたものの、グラウンドは荒地で予算はなく、道具も揃っていない状態でした。企業であれば、足りないものは稟議書を上げれば用意してくれるのですが、学校は年度の予算で動いていますし、当初は野球部強化の予定もありませんでした。

それに、私にとって一番辛かったのは、生徒たちの情熱が薄かったことです。同好会から野球部に昇格したばかりのチームで、2、3人はやる気があったものの、ほかの選手はいつ辞めてもおかしくない状態でした。久住土建時代は会社としてのバックアップがあったほか、野球の好きな社会人を集めることができたのですぐにチーム強化の効果が出ましたが、健大高崎では選手のモチベーションを含めてゼロからのスタートです。「意欲」を持って教員になったのですが、最初の1、2年間は「絶望」に襲われていたのを覚えています。

健大高崎は女子校から男女共学になったばかりで、男子生徒たちのために野球部を作ってはみたものの、学校としてはそれ以上の期待はしていなかったと思います。当時の私は30歳になっていましたが、新米教師で学校に要望を言える立場ではありません。それでも必死になって頑張っていたら、周囲の先生や学校支援者の方々から「野球部が頑張っているから、学校としても支援してあげてほしい」という声が上がってきたのです。私は、無我夢中で生徒たちと向き合ってきていたので、そんな声を聞いたときには涙がこぼれてきました。

野球部の支援が決まったあとの学校の対応は、非常に迅速でした。須藤賢一理事長ら学校側の全面協力によって、２００７年に野球場が完成するなど環境整備が進んでいきました。テニスコートほどの広さの荒地から、両翼95メートル・センター１１５メートルの立派な「ＫＥＮＤＡＩ ＳＴＡＤＩＵＭ（健大スタジアム）」に、いきなり変貌を遂げたのです。

これが、健大高崎という学校組織の強さだと思います。グラウンド完成とともに周囲の信頼も高まり、結果もついてくるようになってきました。専用グラウンドの完成は、夢物語だった甲子園出場が現実になった大きなターニングポイントでした。

２００９年には、全国から選手を呼ぶための選手寮「健心館」が完成。そして、創部10年目の２０１１年夏に、悲願の甲子園初出場を達成することができました。私たちは甲子園初出場を皮切りに、春７回夏３回の甲子園出場を果たし、創部22年の２０２４年

24H
防犯カメラ
作動中

のセンバツでは、日本一を成し遂げることもできました。私は準決勝の勝利と、優勝決定時に二度の涙を流しましたが、未熟な自分に対して大きな投資をしてくれた学校関係者や、見返りがない中でチーム運営に協力してくれた後援会や企業の方々、そしてひたむきに努力を続けてくれたＯＢたちの姿が脳裏に浮かび、感情を抑えることができませんでした。

硬式野球部を支えてくれる健大高崎の学校・チーム関係者

いまの健大高崎があるのは、野球部に深い理解を示して全面的に支援をいただいている須藤賢一理事長、磯貝昭夫副理事長、加藤陽彦学校長のお力添えがあってのことです。御三方には、この場をお借りして厚く御礼申し上げます。

また、生方ヘッドコーチを筆頭に多くの内部スタッフや外部スタッフ、後援会やＯＢ会が献身的にチームを支えてくれたおかげで、野球部がここまで成長して２０２４年のセンバツ優勝へとつながりました。改めて、みなさまには感謝申し上げます。

ここで、センバツ優勝時の学校法人高崎健康福祉大学と高等学校の学校関係者、およびチーム関係者をご紹介したいと思います。

理事長　須藤賢一
副理事長　磯貝昭夫
高等学校校長　加藤陽彦
高等学校副校長　澁澤直子
高等学校教頭　鈴木仁史
高等学校教頭　小針乃理子
応援責任者　早川允規
応援責任者　塩澤光平
高等学校事務長　大倉英章

責任教師　生方啓介
監督　青柳博文

コーチ　赤堀佳敬（※2024年4月から磐田東監督に就任）／小谷魁星／宮嶋大輔
チーフマネージャー　岡部雄一
バッテリーコーチ　木村亨（外部コーチ）
トレーニングコーチ　塚原謙太郎（外部コーチ）
メディカルトレーナー　西亮介（外部）／松田諒（外部）／小金澤啓斗（外部）
スキルアドバイザー　池田善吾（外部コーチ）
関西渉外担当　小林良昭（外部）

野球部後援会長　倉持純晃
野球部OB会長　倉持雄太
野球部父母会長　金井弘樹

チームコーディネーター　難波吉紀
用具担当　上和田哲

祝
優勝
第96回
選抜高校野球大会

組織力でつかんだ日本一

健大高崎の特長のひとつに、コーチ陣の分業制があります。外部コーチたちはそれぞれのスケジュールに合わせて健大高崎の練習に来るため、スケジュール管理と指導者同士のコミュニケーションが重要になります。チームとしての方向性を定めた上でマンスリー、ウィークリーでミーティングを重ねて綿密なメニューを立てています。

分業制は会社の組織図からヒントを得たものですが、野球部の転機は弱小時代でも練習試合を組んでくれるなど、面倒を見てもらっていた横浜隼人の水谷監督から、葛原父子を紹介されたことです。外部の〝血〟を入れることに抵抗がある人もいますが「全国制覇」を目指す健大高崎には必要な人材だと感じました。

そして、息子の毅氏をコーチとして招聘してBチームを任せることにしました。毅コーチは生方部長とともに機動力をチームに浸透させてくれて、のちに父・美峰スーパーバイザーから提唱された戦術スローガン「機動破壊」の誕生へとつながっていきました。

2024年春のセンバツ優勝時の健大高崎は、外部を含めて計12人の指導体制で臨みました。内部は、健大高崎のブレーンである生方部長をヘッドコーチとして、赤堀佳敬、小谷魁星、宮嶋大輔という3人の専任コーチと岡部雄一チーフマネージャー。

赤堀コーチは打撃コーチを担当してくれていたほか、中学生のスカウティングで絶大な力を発揮してくれました。センバツ優勝メンバーの箱山遥人、森山竜之輔、田中陽翔、佐藤龍月らは赤堀コーチの熱意あるスカウティングで健大高崎を選んでくれました。

創部当初からチームに関わるチームマネージャー・岡部雄一（高崎健康福祉大学事務局課長兼附属クリニック室長）は、事務的な部分で私のサポートをしてくれています。

バッテリーコーチの木村亨氏は、帝京出身のキャッチャーで主将として甲子園を経験。芝草宇宙（元・日本ハム、現・帝京長岡監督）とバッテリーを組んでいました。現在は中央大で準硬式のコーチなどを務めるかたわら、健大高崎の外部コーチとしてデータ分析とキャッチャー指導に力を入れてくれています。

また、東北福祉大出身のフィジカルトレーニングのスペシャリスト・塚原謙太郎氏と元・三菱自動車川崎監督、全日本コーチの池田善吾氏は、外部コーチとして選手たちを専門的に指導してくれています。

「機動破壊」から「組織破壊」へ

2024年のセンバツでは、木村バッテリーコーチが生方ヘッドコーチとともに対戦相手のデータを解析して、主将で捕手の箱山と共有していました。そのデータがチームを日本一へと導いてくれました。彼らは宿舎で深夜まで映像をチェックして、相手対策のほかゲームプラン、投手起用を提案してくれます。監督の役割は、目指すべきチームの全体像を伝えた上で、コーチ陣にすべてを任せることです。

そして私の仕事は、コーチ陣から上がってきた情報をもとに、試合のメンバーを最終決定してゲーム中にサインを出すことです。今回のセンバツで、コーチ陣たちが作成してくれた対戦相手のレポートは、とてもシンプルで的確でした。チームは試合前日にレポートを見ながら、全体ミーティングを実施して翌日の試合に臨みました。ベンチの私の手元には常にレポートがあり、生方ヘッドコーチと相談しながらゲームを進めていきました。

前日ミーティグを終えたあとの甲子園での私の仕事は、学校関係者に手渡すチケットの手配でした。高野連からもらえるチケットの枚数には限りがあるので、ホテル周辺のコンビニでチケットを購入して〝おもてなし〟の準備をしていました。

また大会中には、現地練習で力を貸してくれたサポートメンバー10人を連れて回転寿司に行きました。裏方として頑張ってくれていたので私がご馳走したのですが、寿司の種類と皿の枚数を限定しなかったので、予算を大幅に上回る金額になりました。監督としては、指示の徹底が不足していました。

健大高崎にカリスマ監督はいませんし、カリスマになる必要もありません。今回の日本一は、組織によってつかんだ結果です。監督である私ひとりの力は限られていますが、コーチ陣の力を集約することによって大きな力を生み出すことができます。

アフリカのことわざに「早く行きたければひとりで進め。遠くまで行きたければみんなで進め」という言葉があると聞きましたが、私にとって日本一はひとりで成し遂げられるものではありませんでした。

今回のセンバツ優勝は、２００２年の創部から積み上げてきた組織としての集大成です。機動力を前面に出して相手守備を破壊していく野球が「機動破壊」であるならば、組織で相手を上回った戦いは「組織破壊」といえるかもしれません。健大高崎の練習場には「勝ち続ける組織を作る」という文字を掲げています。私は、監督に就任して以来、一貫してチーム作りは組織作りだと考えています。

KENDAI
BASEBALL TEAM

勝ち続ける組織を作る

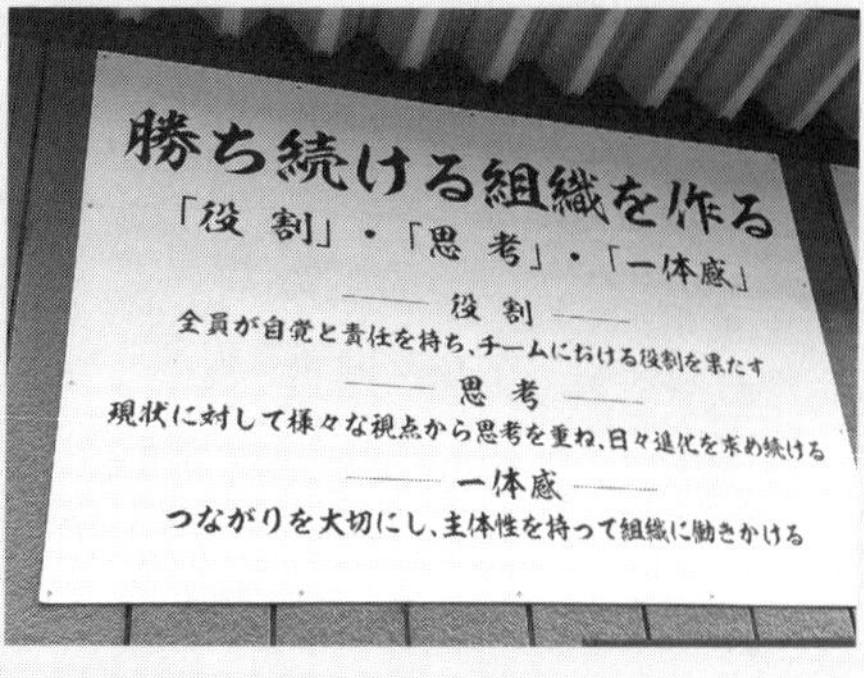

健大高崎は約10人のコーチ陣と、選手たちによってチームが構成されています。全国制覇を狙えるチームを継続的に作っていくには、勝てるチームではなく、勝てる組織にしていく必要があると考えています。一人ひとりが役割を理解し、日々進化する思考を備え、つながりを大事にして組織の一員である自覚を持たなければいけません。

健大高崎は、2024年のセンバツで初の日本一を達成することができましたが、組織作りに終わりはありません。盛者必衰という言葉があるように、栄光と影は隣り合わせになっています。常に謙虚な姿勢で、勝ち続ける組織を作っていきたいと考えています。

健大高崎チームスローガン 8

全国制覇

健大高崎グラウンドの一塁側ネットに吊るしている横断幕です。目標としてきた「全国制覇」を常に意識するために、一番目立つ場所に掲げています。健大高崎では全国制覇への公式として「体心技（甲子園で勝ち抜く体力・人間力・技術）＋準備」と設定しています。まずは、大舞台で戦えるフィジカル＆メンタル、人として高校生としてふさわしい日常生活、その上に野球の技術があります。

さらに「体心技」を生かすには、準備が必要です。準備は試合前日だけではなく、年間を通じて全国制覇を成し遂げるための備えが必要になります。2024年のセンバツで優勝することはできましたが、次の目標は夏の全国制覇です。そのための準備を怠ってはいけないと思っています。

第5章

私の指導論

「正々堂々」「公正公平」を胸に
グラウンドに立ち続ける

甲子園を震撼させた斬新な校歌「Be Together!」

健大高崎は、2011年夏の甲子園に初出場して初勝利を挙げると、翌2012年春にはセンバツ初出場を果たし、ベスト4まで勝ち上がることができました。このとき、果敢に盗塁を仕掛けて次の塁を狙っていく「機動破壊」の旗印が注目されたのと同じくらい「Be Together!」という校歌も脚光を浴びました。

英語のタイトルの斬新な校歌は、健大高崎に校名変更して男女共学になった2001年に制作された曲だと聞いています。数多くのJポップやアニメソングを手がけた冬杜花代子さんの作詞、たくさんのヒット曲を担当した坂田晃一さんの作曲で、校歌としては異例の「Be Together!」という英語が入っていました。私が2002年に教員として着任し、入学式で初めて聴いたときにはかなり驚いたのを覚えています。

茜色の雲に向かって　空を行く　白い鳥の群れ

あの一羽　次の一羽も　翼に風をまとって　はばたく
Be Together!　きらめく翼　支える風よ
Be Together!　鳥を彼方に連れて行ってよ　Wow Wow…
あの風のように　きみのココロに寄りそって飛べたら
ああ　我らの健大高崎　高崎高校

野球部の創部直後で当時は弱小チームだったのですが、もし甲子園に出たらこの校歌が流れるのかと私は想像しました。健大高崎は創部10年目の2011年に夏の甲子園に初出場し、初戦で今治西に勝利して聖地に「Be Together!」が流れました。反響はすごく大きかったと聞いています。

そして2012年春のセンバツでは、甲子園で3勝して3度「Be Together!」を歌うことができました。健大高崎の甲子園での躍進は「Be Together!」の浸透にもつながりました。健大高崎の生徒、保護者だけではなく、多くの高校野球ファンがこの歌を覚えてくれたのが誇らしかったです。

健大高崎は2023年春にもセンバツに出場しましたが、初戦で報徳学園に敗れたため、過去9度の甲子園出場で（2020年春はコロナ禍で中止）初めて校歌を歌うことができませんでした。今回のセンバツでは、優勝校として大会のフィナーレに校歌を歌い上げることができました。私はこの校歌を聴いて、あふれる涙を止めることができませんでした。

創部から22年でセンバツ優勝を果たすことができましたが、勝てなかった時期も懸命に努力してくれた選手たちがいたからこそ、いつ消えてなくなってもおかしくなかった野球部の襷《たすき》がつながり、私たちは日本一になることができたのです。

私が一番うれしかったのは、創部当時に自分たちのチームに誇りを持てず、バッグの学校名を隠したりして過ごしていた選手たちの多くが、甲子園の決勝に駆けつけてくれて、胸を張って堂々と校歌を歌ってくれたことです。

2001年の新校歌制作のときに、当時としては奇抜な曲を採用した学校の先見の明と、甲子園にこの校歌を浸透させてくれた選手たちの努力に感謝しています。そして、この先も甲子園で「Be Together!」を歌い続けていきたいと思っています。

大阪桐蔭は超えなければならないチーム

第96回のセンバツでは健大高崎が初優勝を収めましたが、この大会では大阪桐蔭と対戦することはありませんでした。大阪桐蔭は、健大高崎が甲子園初出場を決めた2011年以降に、7度の全国制覇を成し遂げているチームです。

西谷浩一監督が率いるチームの近年の実績はズバ抜けていて、才能のある選手が集結しています。今年の大阪桐蔭も、最速154キロといわれている大型右腕・平嶋桂知、走攻守三拍子揃った好プレーヤー・堺亮陽、注目スラッガー・ラマル・ギービン・ラタナヤケら世代屈指のハイレベルな選手たちが揃っていた印象です。

大阪桐蔭は、健大高崎とは逆のトーナメントブロックに入っていたので、私たちはいろいろなケースを想定しながら準備をしていました。しかし、大阪桐蔭は準々決勝で報徳学園に1対4で敗れ、ベスト8で敗退となりました。私たちは、その試合の結果によって決勝の展望が変わってくると考えていましたが、優勝候補同士の対決で大阪桐蔭が敗れたことによって、改めて報徳学園の力を最大限に警戒することになりました。

大阪桐蔭とは、私たちがセンバツに初出場した2012年の準決勝で初対戦し、キャッチャー・長坂拳弥を軸に挑みました。藤浪晋太郎、森友哉らを擁するチームに8回表まで1対1と接戦を演じたものの、最後は1対3で敗れました。

健大高崎が「機動破壊」を前面に出して臨んだ2014年夏には、準々決勝で対戦して平山敦規、脇本直人、柘植世那（西武）たちが果敢な戦いを見せてくれましたが、ここでも2対5で大阪桐蔭に屈しました。平山が3盗塁を決めるなど揺さぶりをかけたものの、大阪桐蔭のパワーに負けて突き放されてしまった形です。

対戦した2012年春、2014年夏ともに大阪桐蔭は全国制覇を果たしているのですが、私たちは日本一のチームの強さを肌で知ることができました。機動力に頼るだけではなく、確固たる投打の力がなければ全国制覇はできないと痛感したのです。そういう意味では、大阪桐蔭に日本一になるためのヒントを教えてもらったことになります。

その後は大阪桐蔭との対戦チャンスはありませんでしたが、さらなる高みを目指すには超えなければならない相手です。過去の対戦成績は2戦2敗。大阪桐蔭だけが相手ではないですが、最近の中学生のスカウティングでは大阪桐蔭と競合になるケースも多く、健大高崎は大阪桐蔭以上に魅力あるチームに育っていかなければなりません。次回の戦いでは、勝利という結果でチームの進化の証を示したいと考えています。

2023年夏、慶應義塾の優勝に学んだこと

2023年夏の甲子園では、神奈川代表の慶應義塾が107年ぶりに全国制覇を果たしました。健大高崎は群馬大会の準決勝で負けたため、その夏の甲子園には出場できなかったのですが、慶應の戦いはテレビ中継などで興味深く観ていました。

慶應は、神奈川大会準決勝で東海大相模、決勝で横浜という高校野球を代表する強豪2校に勝利して夏の甲子園切符をつかみ取りました。甲子園では、3回戦で広陵を撃破するなど実力の高さを示すと、準々決勝で沖縄尚学、準決勝で土浦日大、そして決勝戦では仙台育英に勝利して全国優勝を果たしました。

慶應の右腕・小宅雅己、左腕・鈴木佳門は、群馬に隣接する北関東・栃木県出身の選手です。近年の、慶應のスカウティング網の充実を感じていた中での全国制覇は、私に

とっても大きな刺激になりました。

慶應は伝統ある「エンジョイ・ベースボール」をスローガンに旋風を起こして、新たな高校野球のスタイルを発信していきました。自由な髪型や主体的な練習などがクローズアップされたことは、高校野球を見直す意味ではいい機会になったと思います。

インタビューなどで森林貴彦監督も話していましたが、答えはひとつではなく、高校野球にはいろいろなスタイルがあっていいと思います。慶應は全国制覇を果たしたことで、そのスタイルのひとつを提示してくれたのです。

慶應の優勝後には、メディアから「健大高崎は丸刈りを続けますか?」などと聞かれたりすることもありますが、私たち指導者は坊主頭を強制しているわけではありません。そこは、選手たちの自己判断に任せています。そもそも丸刈りか、丸刈りでないかが問題になること自体、不思議な気がしています。慶應の意図も「脱丸刈り」ではなく、野球そのものの議論をしようということだと私は理解しています。

「エンジョイ・ベースボール」というスローガンに力があるので、既存の高校野球文化と対比されることもありますが、健大高崎の選手たちも野球が大好きで、野球を楽しんでいることに違いはありません。楽しんでいなければ、ここまでの努力はできないでしょう。相手のスタイルをリスペクトした上で、自分たちの意志で自分たちのスタイルを追求していくことが大切だと思います。

監督からの指示待ちではなく、選手が自分たちの意志で行動していなければ、日本一になることなどできません。昨今「主体性」「自主性」などの言葉がクローズアップされていますが、選手たちはそれぞれの意志で主体的に野球部に入ってきていますし、自主的に練習場にも来ています。午後7時の全体練習終了後の自主練は文字どおり自由ですし、寮生活も選手の意志を尊重しています。みんなが自然体で野球をやっているので、私は特に「主体性」「自主性」という言葉を使う必要はないと感じています。

今回のセンバツでは、選手たちが全員で五厘刈りにしてきました。選手たちが五厘刈りにすることで、気持ちを引き締めてチームに一体感を生み出す手段にしようと考えたわけですから、それは否定されるべきではないでしょう。この春は丸刈り頭で日本一を果たすことになりましたが、将来的には健大高崎も自由な髪型になっているかもしれません。多様性の時代なので、伝統や学校の規律を守りながらも、時代に即したチーム作りをしていきたいと私は考えています。

変わり続ける指導法
——選手が最善のパフォーマンスを発揮できるかどうかが重要

高校野球の指導方法は、大きく変わってきています。私自身は高校時代に厳しい指導を受けてきたので、就任当初は生徒たちにも厳しく接していました。自分自身が未熟だったこともあり、それ以外の引き出しが少なかったのかなと思います。私自身の持論では、厳しくすることがすべて悪だとは思いませんが、指導自体が変わってきているのは確かです。私の最近の指導を、ひと言で表現すれば「寄り添う」でしょうか。

健大高崎でも7、8年前までは、練習でも試合と同じ緊張感を与えるために、厳しい声をかけて選手たちにプレッシャーを課すことで、精神的にも鍛え上げようとしていました。その頃は、多くの強豪校がそういったスタイルを取り入れていて、甲子園での好結果につなげていました。しかし、2020年のコロナ禍を挟んで、時代は大きく変わりました。

コロナ禍に小学生や中学生だった生徒は、声を出すことも制限されて、静かな学校生活を送ってきました。そんな状況もあり、最近の選手たちは怒られることに慣れていません。気持ちの強い選手には厳しいことを伝えても、それを力に変えてくれるので問題はないのですが、萎縮してしまう選手もいます。

それによって、パフォーマンスが落ちてしまうようであれば言語道断です。私たち指導者は、選手の力を最大限に発揮させるのが役割なので、パフォーマンスが落ちるのがわかっていながら、叱咤するのはナンセンスです。小・中学チームの指導も変わってきているので、高校でいきなり厳しくされたら選手はつぶれてしまうでしょう。

ただし、規則を破ったり生活が乱れていたりしたときには、私は厳しく指導します。生活の乱れは野球のプレーにつながっていきますし、忠告が生徒の将来にもつながっていくと考えているからです。

健大高崎では、レギュラークラスでも心に乱れがあれば、躊躇なくメンバーから外します。それでチームが負けたとしても、そこだけは譲れません。それによって選手が気づいてくれれば、勝利以上の価値があります。怒る、怒らないという議論ではなく、選手たちが最善のパフォーマンスを発揮してくれて、人として成長していく環境を追求していきたいと私は思っています。

社会に出れば、野球部時代のレギュラーや控えは関係なく、全員が人生においてのレギュラーです。そして、家庭ではキャプテンにならなければいけません。また、所属する組織において、監督（リーダー）を任される場合もあるでしょう。野球部を卒業したあとに、人生というフィールドでしっかりと戦える人を私は育てていきたいと考えているのです。

進化を続ける「機動破壊」

2010年夏の群馬大会では、打撃力に自信のあるチームで甲子園を狙っていたのですが、監督である私自身の力不足もあって準決勝で延長10回の戦いの末、0対1で敗れてしまいました。

甲子園に行くためには、どのような戦術で1点を奪っていくかを考えていたときに、杜若（愛知）で長く監督を務め、母校の東邦や四日市工でもコーチ経験があり、四日市工を神宮大会優勝にも導いた葛原美峰先生から「機動破壊」というスローガンの提案を受けました。それ以前から、Bチームでは機動力を使った戦いを浸透させていたのですが、Aチームの戦いに連結させることができていなかったのです。

「機動破壊」の採用をきっかけに、チームとして機動力を前面に出した戦いを打ち出し、積極的に盗塁を仕掛けたほか、見えない圧力を与えて相手に揺さぶりをかけていきました。また、エンドランやバスターなど「機動破壊」に即したバッティング技術も身につけていきました。

そして、2012年春のセンバツ出場時に「機動破壊」の旗印を立てて甲子園に出陣しました。「機動破壊」という4文字の威力は絶大で、その戦いとともに相手に脅威を与えることができました。周囲に驚かれたのは、2015年に『機動破壊〜健大高崎勝つための走塁・盗塁93の秘策（竹書房）』という書籍が出版されて「機動破壊」の極意を多くの人に広めたことです。葛原美峰先生が中心となって仕上げた作品ですが、その許可を出したのは監督である私です。

練り上げた戦術やスキルをオープンにすることは、相手に情報を与えることになり、うちにとってはデメリットになる側面もあるでしょう。しかし、私は高校野球全体のレベルアップにもつながると考えて、すべてをオープンにしました。実際に、2015年以降は相手ピッチャーの牽制技術が上がったり、キャッチャーのレベルが向上したりして、なかなか甲子園に行けずに苦しんだ期間もありました。ただ、チームとしては過去を超えて、新たな健大高崎に進化しなければいけなかったのです。

いま世界のビジネスシーンでは、開発した技術をその企業だけに留めずに、広く公開して外部のアイデアを組み込むことで課題を解決し、新たな価値を創造しようという「オープンイノベーション」が主流になっています。ビジネスと高校野球はまったく別の世界ですが、多くの情報を共有することで、高校野球全体が盛り上がればいいと私は考えたのです。

また、まわりより体の小さい子どもでも、機動力を生かした戦い方を知ることによって、野球への興味が膨らむかもしれません。「機動破壊」への対策を取られることによって、私たちはその先を考えなければいけませんし、それが私たち健大高崎や野球界全体のレベルアップにもつながっていきます。

今春のセンバツで日本一を果たした健大高崎ですが、5試合での盗塁数はわずかにひとつです。私が盗塁のサインを出しながらも、選手の判断でストップしたケースもあります。盗塁ができなくても「ゴロゴー」や「エンドラン」「バスター」などを駆使して、多くのバリエーションを展開することができました。今回の戦いでは、進化した新たな「機動破壊」の一面を見せることができたのではないかと思っています。

教え子とは一生の付き合い

選手の進路については、できる限りのサポートをしてあげたいと思っています。中学時代には熱心に勧誘をしておいて、高校卒業後の面倒を見ないのは無責任です。健大高崎のユニホームに袖を通してもらった以上は、責任を持って送り出したいと私は考えています。

これは、前橋商時代の恩師・東野監督の教えでもあります。私自身、高校引退後に東京六大学や東都のセレクションに参加しましたが、どこからも声がかからず行き場をなくしていました。そんなときに、東野監督の人脈によって東北福祉大の社会福祉学部を紹介されて、進学することができたのです。

大学野球で大成することはできませんでしたが、教員免許を取れたことで指導者人生への道が拓けました。このときの感謝の思いがあるので、健大高崎の選手たちもレギュラー、控えに関係なく、親身になって進学先の相談に乗ってあげようと思っているのです。レギュラー選手は、早い段階で声がかかることが多くなってきているので、最近はベンチやメンバー外の選手の進路に力を注ぐ時間が長くなっています。

ただ、気をつけているのは、押しつけにならないことです。最終的に決断するのは選手ですし、受け入れのジャッジを下すのは大学側になります。私の仕事は、選択肢を準備して生徒たちに提示する〝橋渡し〟です。日本一という結果は素晴らしいですが、喜びは一瞬のことです。卒業するときに、部員全員が「健大高崎に来てよかった」と思えるような組織にすることが大切だと私は考えています。

直近では小澤周平が早稲田大、半田真太郎が明治大、小玉湧斗が法政大に進むなど、東京六大学に進学する選手も増えています。また、東都や首都リーグの強豪大学に進む選手も大勢います。しかし、大事なのは入学することではなく、大学時代をどう過ごすかです。彼らの行動が、後輩たちの次なる道につながっていきます。健大高崎野球部としてのプレーは2年半で終わりますが、健大高崎の看板を背負った人生は、ずっと続いていくことになるのです。

私は、創部当初の1期生から2023年度卒業の21期生までの選手名簿をファイリングして大学、就職先などの情報を常にアップデートしています。監督である私のもとには、OBや後援会などからいろんな情報が集まってくるので、選手たちの進路に役立つことがあれば、すぐに連絡を取っています。監督として指導できるのは3年間だけですが、監督として教え子をサポートするのは一生できます。〝おせっかい〟かもしれませんが、できる限りのことをやってあげたいと私は考えています。

9人のプロ野球選手が誕生

健大高崎は野球部の創部から22年になりますが、これまでに9人のプロ野球選手が誕生しています。

健大高崎出身で初のプロ野球選手は、2014年秋にロッテからドラフト7位指名された脇本直人（12期生＝2017年ロッテ退団）です。前橋育英出身で、いまも西武で活躍している高橋光成とは同世代で、脇本が3年生だった2014年夏には、3回戦で前橋育英・高橋光成を攻略して甲子園出場を決めました。スピードとパワーを兼ね備え「機動破壊」の看板選手だった脇本は、準決勝の桐生第一戦でも場外ホームランを放つなど、一気に評価を上げてロッテに入団しました。ロッテでは怪我もあって3シーズン限りで退団となりましたが、健大高崎の価値を高めてくれた選手だといえます。

２０１５年に中日から育成3位指名を受けたのは、三ッ間卓也（8期生）です。脇本よりも年齢は上で、大学やＢＣリーグを経由してのプロ入りとなりました。三ッ間は高校時代には結果を残せなかったのですが、高千穂大から埼玉武蔵ヒートベアーズに入団して進化を遂げました。しっかりした自分の考えを持った選手で、２０１６年に中日に育成で入ったあとは２０１７年シーズンに支配下登録されて、２０２１年まで5年間に渡って活躍しました。高校時代は補欠でしたが、大学、社会人で大きく成長した選手です。現役引退後は、イチゴ農家として頑張っているようです。

２０１６年には、２０１２年センバツベスト4の主将・長坂拳弥（10期生）が東北福祉大から阪神ドラフト7位で入団しました。強肩強打のキャッチャーで、リーダーシップも備えた好プレーヤーです。センバツの準決勝では大阪桐蔭と対戦しましたが、そのときのエースが藤浪晋太郎でした。長坂は大学を経由して、藤浪のいた阪神に入団することになりました。1年目から一軍デビューするなど評価されており、2022年には27試合でマスクをかぶっています。

プロで最も活躍しているのは、13期生の柘植世那です。高校時代からプロ志望だったのですが、指名されることなく社会人のHonda鈴鹿に進みました。3年目にも指名漏れとなり、涙ながらに私に連絡してきたのを覚えています。その悔しさをバネに努力を続けて、晴れて2019年に西武5位で入団しました。ルーキーイヤーからコンスタントに出場を続け、2023年には59試合に出場しています。健大高崎からは、長坂に続いてふたり目のプロ入りキャッチャーですが、柘植の活躍のおかげで健大高崎の捕手育成も評価されるようになりました。

2017年ドラフト8位で湯浅大（15期生）、2018年育成1位で山下航汰（16期生）が巨人入りとなりました。湯浅は守備のスペシャリストで、岡崎郁スカウト部長が将来性を買ってくれました。山下は秀でた打撃力が評価されての指名となりました。

また、2020年には下慎之介（18期生）がヤクルト育成1位、2022年には清水叶人（20期生）が広島ドラフト4位、是澤涼輔（16期生）が西武育成4位でプロの世界に飛び込みました。是澤は健大高崎としては3人目のプロ入りキャッチャーで、高校時代の実績はありませんでしたが、法政大に進み規格外の強肩で黙々と努力する姿勢が評価されたようです。

これまでに9人の選手がプロ入りを遂げましたが、9人中7人は群馬県出身の選手です。県外からの選手が増えてきている中で、地元群馬県出身の選手をプロに送り出すことができているのはうれしい限りです。

群馬県出身の選手が多いので、毎年正月には彼らを地元紙・上毛新聞社に連れて行き、取材をしてもらっています。プロの世界に進むと、地元で取材を受ける機会がなかなかありませんし、選手の成長を群馬県民に知ってほしいという思いがあるからです。高校時代から入念に取材をしてくれて、プロの世界で頑張る彼らの声に耳を傾けてくれる地元紙にはとても感謝しています。

私の日課は、新聞やネットで健大高崎出身のプロ野球選手の結果をチェックすることです。教え子の活躍が、私にとっての励みになっています。将来的には、健大高崎出身の選手が海を渡って、メジャーリーグでプレーする姿を見てみたいとも思っています。

「野球留学禁止」の議論はナンセンス

健大高崎は、今春にセンバツで初の日本一を成し遂げました。多くの方々が喜んでくれた一方で「メンバー20人中18人が県外出身の選手だった」などという声も上がっていました。うちに限らず、地方のチームが勝つと「野球留学禁止」「県外選手制限」などの議論が起きますが、現場を預かる監督としてはこれに違和感を覚えます。

健大高崎は、2002年に野球部が誕生してから2008年までは、群馬県内の選手たちで戦ってきました。2009年の9期生から県外選手が入学してくるようになったのですが、それまでは来てほしくてもチームに魅力がなくて来てもらえませんでした。この頃から「県外高崎」と揶揄されることも少なくなかったのですが、私は多くの選手が興味を持ってくれるような魅力的なチームにしたかったのです。

そもそも私には、県内・県外という概念がありません。野球に限らずサッカーやバスケットボール、バレーボール、ラグビー、さらには勉強なども同じ状況だと思いますが、多様化の時代に出身地で選手を区別するのはナンセンスです。県外から来てくれた選手たちも学校代表、群馬代表としてプライドを持ってプレーしてくれています。選手が自分の意志で学校を選んでいるのに、それを否定される理由はないんじゃないかなと私は思います。

関東地方でいえば、東京、神奈川、千葉、埼玉などは交通が発達しているので多くの選手が〝行き来〟しています。首都圏が認められて、地方だけが議論の対象になるのも心外です。ただ、そういう声が上がってくるのは、まだまだ私たちが未熟だからかもしれません。私は、今後も健大高崎という群馬のチームに集まってきてくれた選手たちと一緒に戦い、全国に誇れるチームにしたいと思っています。

2024年、大きな変化が生まれた高校野球

2024年には、高校野球に大きな変化がありました。ひとつは新基準バットの採用で、もうひとつは夏の甲子園の時間の変更です。

新基準バットについては、打球速度と飛距離を抑えるためにセンバツから採用されました。健大高崎では昨秋の大会後から準備を進め、センバツに向けた3月上旬からのオープン戦で、新基準バットの感触を確かめました。選手たちは冬の間にトレーニングを積み、筋力が上がっていたので昨秋までのデータは参考になりません。

実戦で試してみた結果、以前までのバットであれば、確実にホームランになる打球がスタンドに届かないケースが多く、対応の再考が必要となりました。その結果、もちろんカウントや状況によっても変わってきますが、大会直前にチームとしてミート中心の打法に変更することに決めました。

今回のセンバツは、新基準バットによる最初の大会だったので、どんな影響が出るのか注視していましたが、センバツでのホームランは大会を通じて計3本で、うち1本はランニングホームランでした。

大会前に、うちの選手たちから「新基準バットでの甲子園初ホームランを狙う」という声も聞こえてきましたが、選手たちはオープン戦の結果を見て、即座に軌道修正して大会に臨んでくれました。センバツでは、健大高崎のホームラン数はゼロでした。しかし、新基準バットの影響もあり大会が投高打低となったので、結果的に「機動破壊」が生きる大会となりました。

私たちはバントを増やしたり、バスターやエンドランを多用したりしましたが、決してスモールベースボールにするのではなく、この状況で最もスペクタクルな戦いを見せていきたいと考えていました。

バントは走者を進めるメリットがある一方で、相手にアウトをひとつ献上するというデメリットもあります。そういう意味では、新基準バット元年は監督の采配力も試されると感じました。長い歴史を紐解くと、変化に対応できるチームが生き残っています。我々は今後も、変化を恐れずに進化していきたいと思っています。

センバツではホームラン数が激減しましたが、関東の強豪が集まる春季関東大会では、多くのホームランが飛び出す展開となりました。例年、夏は打力が上がってくることに加えて、多くのチームが新基準バットに順応してくるため、センバツの結果は参考にならないかもしれません。

また、2024年夏の甲子園から、暑さ対策として最初の3日間は試合時間が午前と夕方の2部制になることが決まりました。開会式の日は、午前10時からが第1試合で、午後4時から第2、第3試合となります。大会2、3日目は午前8時から2試合、午後

5時から第3試合が組まれています。準決勝は午前8時から2試合、決勝戦は午前10時プレイボールになると聞いています。

健大高崎が、2024年夏の甲子園に出場できるかどうかはまだわかりませんが、プレーヤーズ・ファーストで少しでも暑さを避けた時間に試合ができるのはありがたいことです。時間に関してはいろいろな意見があると思いますが、実際に動き出したということを前向きに捉えています。

神奈川県では、2023年夏から開会式を開幕前の金曜日の夕方に変更して、暑さ対策のほか選手の負担も減らしたと聞きました。試合時間の変更に限らず、課題があるのであればまずはトライしてみて、そこで問題が生じれば改善していけばいいと思っています。

逃げることなく現実と向き合い、頭を下げられる大人になってほしい

ここまで、健大高崎の良いことばかりを伝えてきましたが、決して良いことばかりで

はありません。2018年5月に、部内での2年生による暴力行為が発覚したことがありました。問題が発覚した直後に学校として高野連に報告し、その間は対外試合を自粛しながら処分を待ちました。

高野連から届いた通達は、問題が生じた日から1か月間の対外試合禁止処分で、夏の大会には出場できることになりました。チームを束ねる監督として、生徒をはじめ保護者、学校関係者、また高野連のみなさまにご迷惑をかけてしまったことを、ここに改めてお詫び申し上げます。

問題が発覚した当日は、夏の大会に向けてメディアの方々を呼んで集合写真を撮影したり、取材をしてもらったりする予定になっていました。現場を預かる責任者としては取材対応を中止することも考えましたが、メディアのみなさんの締め切りなどのスケジュールを考えると迷惑をかけたくなかったので、混乱の中でしたが予定どおりグラウンドに来てもらって、取材規制をすることなくすべてを見てもらうことにしました。

その対応が良かったのか悪かったのかは別として、私が取材を中止にしなかったのは、これまで甲子園出場などの吉報のときに取材をしてもらっておいて、こちらにとって都合の悪いときには取材を拒否するということが、人としての義理に反すると考えたのも理由のひとつです。

取材陣に囲まれてタジタジになる監督の姿を見て、情けないと感じた選手もいたかもしれません。私に対しては厳しい質問も飛んできましたが、逃げ回る姿を私は生徒たちに見せたくありませんでした。人生は良いことばかりではありません。失敗をしたり、ミスをしたりすることは誰にでもあります。そんなとき、選手たちには逃げることなく現実と向き合い、頭を下げられる大人になってほしいと思っています。

「正々堂々」「公正公平」を胸にグラウンドに立ち続ける

私は、2018年の部内不祥事の件で監督を外されてもおかしくない状況でしたが、学校の理解と恩赦によってその後も監督を続けることができています。

私立の監督は、結果を求められるケースが多いため、グラウンド内でいろいろな策を講じてきます。甲子園でもたびたび議論になる問題のひとつに「サイン盗み」があります。数年前の甲子園でも疑惑が生じて問題になったことがありましたが、選手たちは中学時代から全国大会で経験を積んでいるので、相手の動きはわかります。実際に試合をしていて、選手たちが相手の「サイン盗み」を私に指摘してくることもあります。

健大高崎では、私が監督をしている限り「サイン盗み」のような不正行為は、決して選手たちにやらせません。個々の選手がピッチャーの癖を把握することはもちろんありますが、相手のサインを盗んで伝達することは絶対にありません。

私には、大切にしている言葉があります。それは、2003年の元旦に中学野球部の恩師・宮崎一先生からの年賀状に書かれていた「正々堂々」「公正公平」という言葉です。監督1年目の私に、恩師がアドバイスを送ってくれたのです。年賀状を受け取った私は、すぐに知人にお願いして恩師にこのふたつの言葉を色紙に書いてもらい、いまでも大切に野球部の本部室に飾ってあります。

あれから長い月日が経過していますが、私の心には「正々堂々」「公正公平」がずっと刻み込まれています。サイン盗みをすれば、勝利に近づくことはあるかもしれません。しかし、ルールに反したことをやって、結果をつかんでも何の意味もありません。社会に出たときに、悪いほうに流されてしまう可能性もあります。

サイン盗みは「正々堂々」「公正公平」ではありません。私は多くの方々のご指導と

正々
堂々
公正
公平

ご協力によって、日本一という目標を果たすことができましたが、この先も「正々堂々」「公正公平」を胸にグラウンドに立ち続けます。

それが健大高崎、そして青柳博文の原点です。

実るほど頭を垂れる稲穂かな

部室の壁に掲げている言葉で、野球部創成期に部長を務めてくれた吉沢賢二先生が伝えてくれた教えです。吉沢先生は、群馬女子短大附時代の陸上部監督で全国優勝を果たした名伯楽です。創部当初に野球部にも携わってくれて、人間力強化の指導をしてくれました。

「実るほど頭を垂れる稲穂かな」は、私が最も重要視している言葉のひとつです。だから、一番大きいパネルで掲示しています。多くの方々の協力のおかげでチームは着々と勝利を重ねていきましたが、勘違いをしてはいけません。人格の高い人、強いチームほど、相手に対しての態度や振る舞いが謙虚なのです。

謙虚であれば、忠告に耳を傾けることができますし、吸収して学んでいくこともできます。成長することは学ぶこと。だから、どんなに実績を残したとしても「頭を下げる稲穂」でなければいけないと感じます。そういう人やチームが、愛される集団と呼べるのでしょう。実りの秋を迎えるたびに、謙虚な姿勢で戦わなければいけないと考えています。

私は運が良い

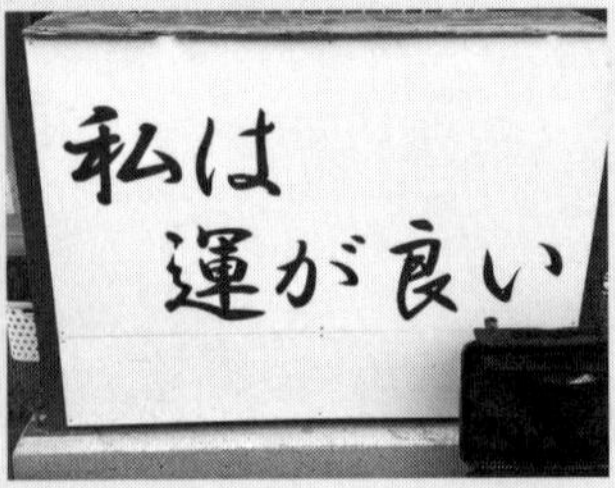

パナソニックの創業者・松下幸之助氏が採用面接で聞いたとされる言葉です。運が悪いと考えている人は、悲観的になる傾向があり、前向きに行動することができません。

選手たちが着替える部室の入り口に掲示して「運が良い」と思える人になってほしいと考えています。野球も学校生活も良いことばかりではありません。努力が結果につながらなかったり、ミスをしてしまったりすることもあるでしょう。また当然、災難に見舞われることもあるかもしれません。「人間万事塞翁が馬」ということわざもありますが、不幸や災難だと思ったことが結果的に好転していくこともあります。どんな状況になっても「私は運が良い」と言い聞かせて、前向きに捉えていくことが大切です。私自身、ここまで多くの苦労がありましたが、困難にぶつかったとしても「これはチームが成長するための試練だ」と考えて、プラス思考で日々の生活を送ることができています。

第6章

健大高崎、センバツ初優勝までの軌跡

公式戦黒星スタートから日本一へ

プライドを捨てた選手たち
――軸となった行動目標は「チームへの貢献」

健大高崎は2024年春のセンバツで、初の日本一を成し遂げることができました。勝てた最大の要因は「意志」と「準備」だったと考えています。

チームは以前から「全国制覇」という目標を掲げていましたが、選手たちは単なる目標ではなく、成し遂げなければならないミッションだと捉えていたと思います。そのためには何をすべきか。選手たちは、生方ヘッドコーチと密にコミュニケーションを図りながら、ミーティングを繰り返していきました。

今回のセンバツにおける健大高崎の意義目標は「健大高崎史上成し遂げたことのない成績を残す」、成果目標は「日本一」、そして行動目標として「チームへの貢献」「リーダーシップ」「いま目の前のことに集中する」「勝利にこだわる」「マインドセット」「基本を大切にする姿勢」の6つの指針を設定していました。レギュラーだけではなく、部員全員がこれらを理解して行動したことが日本一へとつながっていったのです。

行動目標の6つの指針において、選手たちが最初に掲げたのは「チームへの貢献」でした。この世代は、中学時代に実績を残した選手が多く、投打の戦力的には健大高崎史上最高のチームのひとつでしたが、箱山を中心とした選手たちが「チームへの貢献」という声を発したことで軸が決まりました。

6つの指針については、特別なものはありません。ミーティングで指針を決めたことで満足するのではなく、Plan（計画）、Do（実行）、Check（評価）、Action（改善）のPDCAサイクルを、私たち指導者ではなく選手たちが、徹底的に循環させたことが成長につながったと思います。

2023年夏の群馬大会準決勝で、桐生第一に敗れたあと新チームは始動しました。夏の敗戦の悔しさを味わった箱山を主将に据え、日本一に向けた戦いが始まったのですが、その道は想像以上に険しかったと感じています。

箱山自身、前チームから絶対的捕手としてプレーしていましたが、夏敗戦の理由は本人が一番感じていたと察します。過去5年間、健大高崎はセンバツにはコンスタントに出場させてもらっていますが、夏は2015年を最後に甲子園には辿り着けていません。夏のトーナメントは一発勝負で、一度負ければ甲子園への道は閉ざされてしまいます。

毎年優勝候補に挙げてもらいながらも、前橋育英をはじめとする県内チームの執念に負けていたと感じています。それは、監督である私の責任です。

箱山は、チームに足りなかったものを肌で感じていて、新チームの選手たちに、勝利にこだわる執念と泥臭さを要求していきました。オブラートに包まず、自身の意見をダイレクトに伝えてくれたのが箱山の覚悟です。キャプテンの言葉を受けた選手たちはプライドを捨て、チャレンジャーとして愚直に野球に向き合っていきました。

公式戦黒星スタートがチームに植えつけた強い危機感

新チームは、8月にチームビルディングのための北海道遠征を実施しました。しかしながら、仙台港から北海道に向かうフェリーの中で、箱山が急性虫垂炎（盲腸）を発症して、荒波の中で海上保安庁救援艇の助けを借り、岩手の病院に搬送されるというアクシデントが起きました。チームは主将不在で、北海道での約1週間を過ごすことになったのです。

北海道合宿後の8月10日、群馬県内では秋季県大会のシードを決める西毛リーグが開催されました。そして、チーム最初の公式戦で東農大二と対戦したのですが、投打の歯車が噛み合わず8対9で負けました。病み上がりの箱山をスタメンで起用したことによって、北海道で準備してきたことが表現できず空回りしてしまったのです。

箱山は大きな責任を感じていましたが、敗因は私の選手起用だったと反省しています。ほかの選手を信頼して、箱山に無理をさせなければ違う結果になっていたかもしれません。しかし、結果的にこの敗戦が、チームに危機感を強く植えつけていくことになりました。

自分たちは、強くない――。

強い危機感が芽生えたチームは、ひとつの勝利に満足することなく、一戦一戦たくましくなっていきました。戦うのは、相手ではなく自分たち自身。選手たちはそれぞれが己と向き合うことで、すべての試合で完全燃焼していきました。

センバツ出場当確とされる、ベスト4進出をかけた秋季関東大会準々決勝の中央学院戦は、選手の成長が試される試合となりました。序盤に横道周悟のホームランなどで2点をリードしたのですが、中央学院の蔵並龍之介投手から追加点を奪えず、逆に佐藤龍月が6、7回に計3失点して逆転される嫌な展開になっていきました。

そして迎えた7回裏、無死一・二塁から4番・箱山がバントをしっかりと決めて一死二・三塁。5番・森山の打球は、一塁後方にふらふらと上がる打球でしたが、ライト前に落ちてこれが同点タイムリーとなりました。クリーンヒットではなく、まさに気持ちで放った執念の一打でした。

そのタイミングで、相手はピッチャーを交代して颯佐心汰投手がマウンドに上がりました。私はそこで、初球にスクイズのサインを出しました。相手も最大限の警戒をしていた中で、加藤大成は飛び出してきた一塁手の右横を、ライナーで鋭く抜くプッシュバントを成功させて勝ち越しに成功しました。

あのシーンは練習中から何度も試してきたプレーですが、一塁手にキャッチされれば易々とダブルプレーとなるリスクもありました。一塁手の動きを察知しながら、技ありのバントを決めた加藤の度胸と技術が、チームを関東大会ベスト4へと導きました。あのバントこそが、健大高崎が追求する新たな「機動破壊」だと私は感じました。そしてその結果、1月26日にセンバツ切符が届くことになったのです。

生方ヘッドコーチと設定した「ゲームビジョン」

センバツを迎えるにあたって、私たちはミーティングで「ゲームビジョン」を設定しました。詳細な戦術ではなく、今回のセンバツでチームとしてどう戦うかを全体で共有したのです。

今回の大会から低反発バットが採用されることで、ロースコアの展開が想定されました。一部では、甲子園レベルでは影響が少ないのではないかという声もありましたが、練習試合が解禁になったあとの3月のオープン戦で、予想以上に打球が伸びないことをチームとして実感していました。

大量得点が少なくなることが予想された中で、どのようにイニングを進めていくか。健大高崎は、チームブレーンである生方ヘッドコーチの意向のもと「7回までにリードを確保してゲーム終盤を迎える」という「ゲームビジョン」を設定しました。

生方ヘッドコーチは、2023年夏の第31回WBSC U-18ベースボールワールドカップで初優勝した、U－18日本代表の馬淵史郎前監督（明徳義塾監督）の采配からヒントを得たようですが、全員が勝利のために献身的にプレーすることの重要性を選手たちに説いていきました。その結果、クリーンアップの選手も黙々とバント練習に取り組むようになりました。

「終盤のリードによって精神的優位に立てば、うちの投手陣の力を最大限に発揮できる（生方ヘッドコーチ）」というプランを実践するため、私たちは投手起用を含めた大会への準備を入念に進めていきました。昨季までであれば、序盤はリスクを恐れずアグレッシブに戦おうという考えで、積極的に盗塁のサインを出して勢い任せで戦っていた部分もありましたが、今回はチームとして「組織で勝つ」方法を選択したのです。

今回のセンバツでの健大高崎は、過去の戦いと比較してゲーム序盤からバントで送るケースが多かったと思いますが、これはいまご説明した「ゲームビジョン」に則った戦いでした。センバツ5試合を振り返ると、すべて7回までにリードしてゲーム終盤を迎えることができています。8回以降の失点は、5点リードした準々決勝の山梨学院戦での1点のみです。

準決勝の星稜戦では、7回に逆転して優位に立つと、8回から佐藤がリリーフして勝ち切りました。私たちは、入念に準備した「ゲームビジョン」によって、優勝という結果をつかみ取ることができたのです。

優勝までの各試合でのイニングスコアは、次のとおりです。

1回戦（3月19日）

学法石川	000	000	000	0
健大高崎	000	001	30×	4

2回戦（3月26日）

明豊	000	000	000	0
健大高崎	200	001	10×	4

準々決勝（3月28日）

山梨学院	000	000	010	1
健大高崎	000	040	20×	6

準決勝（3月30日）

健大高崎	000	200	300	5
星稜	011	100	100	4

決勝（3月31日）

報徳学園	200	000	000	2
健大高崎	201	000	00×	3

1回戦・学法石川戦
——初戦の難しさを、走塁技術と事前スカウティングで乗り切る

チームは1月6日に、高崎市の進雄《すさのお》神社で必勝祈願をして始動し、2月10～12日の千葉・舘山キャンプで一体感を高めるとともに、センバツメンバーの最終選考を行うことになりました。

オープン戦が解禁となった3月第1週目には愛知遠征に行き、第2週目の3月9日に

ホームの健大スタジアムに日大三を招き、地元での最後の練習試合を行いました。翌10日に甲子園へ向けて出発し、静岡の沼津・浜松経由で関西に入っていきました。宿泊拠点の大阪に入ったのは14日です。

甲子園で勝つためには、宿泊遠征に慣れる必要があると考えているので、私たちは開幕の1週間前に出発して、各地で練習試合を繰り返しながら甲子園に備えるようにしています。私が高校時代に前橋商で甲子園に行ったときには、慣れない宿舎生活で〝甲子園旅行〟になってしまい、自分たちの力を発揮できないまま帰ってくることになりました。そういった経験も踏まえ、遠方のチームが甲子園で勝つには、スケジュール管理も重要になると私は考えているからです。

ところが、今回は甲子園に向かう移動中から、選手が咳をするようになってきて、私自身も体調を崩してしまいました。大会開幕前後にはメンバー、サポートメンバーを含めて半分以上がインフルエンザなどによって発熱し、残ったメンバーも予防投与を受けて全員がホテル待機になりました。

3月19日の1回戦・学法石川戦はなんとか乗り越えたのですが、幸いなことに23、24日が2日連続で雨天中止となり、2回戦の日程が延期になりました。大会に向けて、チームコンディションが上がってきた状況での集団感染だったので心配していましたが、日程的な幸運もあって苦境を乗り越えることができました。今回のセンバツでは、コンディション調整の難しさを再認識したものです。

1回戦の学法石川戦は、初戦の難しさがありました。投手を中心にデータを収集して慎重に準備を進めていましたが、それは半年以上も前の秋の東北大会の情報です。チーム、選手は冬を越えて大きく成長するケースがあるので、集めたデータの分析をするだけでは万全とはいえません。

学法石川にはタイプの違う3枚のピッチャーがいて、どの投手が先発してもいいように対策は練っていました。ただ、健大高崎は左ピッチャーに苦しめられる傾向があったので、先発は軟投派のサウスポー・佐藤翼投手が有力だろうと読んでいました。

先発は予想どおり佐藤投手だったのですが、彼は事前データ以上の好投手で5回まで2安打に抑えられ、スコアレスで6回を迎えることになりました。どうしても先取点が欲しかったところ、6回に二死二・三塁の場面で相手のワイルドピッチによって、私たちは1点を先制することができました。7回には3本のタイムリーで二塁ランナーがすべて生還、3点を追加してゲームの大勢が決まりました。

私たちは、試合前ノックを観察して、相手の外野手の投げ方と送球精度を把握してチームで共有していました。三塁コーチャーの金井俐樹には、状況に応じて積極的に回すよう指示を出していましたが、それが功を奏する結果となりました。

いずれも微妙なタイミングだったと思いますが、スピードを落とさずホームを突く走塁技術と、事前の観察の妙が私たちに勝利をもたらしてくれました。記録には残りませんが、得点に絡んだランナーやコーチャーが健大高崎の野球を実践してくれたと思います。ヒット数はうちが7本で、学法石川が5本。ヒット数の差はわずかで難しいゲームだったのですが、こうして初戦突破を果たすことができたのです。

2回戦・明豊戦
——直感の「バスター」と、訓練の成果「ゴロゴー」で難敵を撃破

2回戦の明豊戦のテーマは「泥臭く」でした。初戦は緊張もあって硬さが見えたので、初回から積極的に攻めていこうという話をしてゲームに入っていきました。

先頭打者の斎藤銀乃助が、センター前で出塁したあとの2番・田中陽翔の打席で、私

はバスターのサインを出しました。前述した「ゲームビジョン」や定石を考えればここはバントなのですが、攻守に堅実なプレーをする明豊に対して、ここで2点を奪いたいという気持ちが私にはありました。

また、試合前から雰囲気的にバスターが決まるという私自身の直感があり、最初のチャンスで実行しました。田中はバントの構えからバッティングに切り替えて、三遊間をうまく抜いてくれました。

高山裕次郎の送りバントのあと、一死二・三塁でランナーには「ゴロゴー」のサインを伝達しました。箱山のピッチャーゴロ（記録はフィルダースチョイス）で斎藤がホームインしましたが、彼のスタートの早さとスライディングのうまさが得点につながりました。さらに森山の犠飛で追加点を奪い、私たちは目論見どおりに2点を先取することができました。

私の直感による「バスター」と、日頃の訓練の成果である「ゴロゴー」による先制点。相手は「やられた」という気がしなかったと思いますが、スコアボードにはしっかり「2」という数字が刻まれました。

2対0で迎えた6回にも「ゴロゴー」で佐々木貫汰が還って、3点目を奪います。相手セカンドは前進守備で打球も速かったのですが、佐々木が躊躇することなく好走塁を見せてくれました。バットに当たった瞬間、ランナーが走るギャンブルスタートとも呼ばれる走塁で、これはダブルプレーになるリスクもありますが、バッターがゴロを転がしてくれたことで得点が生まれました。

健大高崎では、走塁練習を徹底する一方で、走塁を生かすために低くて強い打球を打つバッティングも仕込んできました。得点を取るためのバリエーションを増やしていったのです。そして、7回には相手のエラーで4点目をもらい、ゲームが決まりました。明豊戦では、タイムリーは出ませんでしたが「ゴロゴー」など足を絡めた攻撃で4点を奪い、準々決勝に駒を進めました。きれいな勝ち方ではないかもしれませんが、走塁技術を磨き続けたことが好結果につながったのです。

準々決勝・山梨学院戦
――自慢の打線が爆発して、関東大会でのリベンジを果たす

準々決勝の相手・山梨学院は、前年度のセンバツ優勝校で、秋季関東大会の準決勝で

は2対3で敗れた相手です。私たちとしてはリベンジの意味もありましたが、選手は気負うことなく自分たちの力を存分に発揮してくれました。

このゲームにおける立役者は、先発の佐藤龍月です。佐藤はこの日も立ち上がりからストレートが走っていて、ストライクゾーンを大きく外れるボールでもバッターが手を出して三振を奪うなど、アウトを重ねていきました。

5回までに許したヒットはわずかに1本。相手に得点を許さなかったことで、私たちにチャンスが巡ってくることになります。ただ、5回を終えた時点で左手の中指のマメがつぶれ、佐藤が降板するというアクシデントに見舞われることになりました。

私たちは、5回裏に斎藤、田中の連続タイムリーで2点を奪うと、箱山のタイムリー三塁打でさらに2点を追加して、ゲームの主導権を握りました。箱山の打球は、あわやホームランという左翼フェンス直撃の打球でしたが、チームとして外角のストレートに狙いを定めていたことが、好結果を生んでくれました。これも、事前の分析の成果です。

7回には、佐々木のセーフティーバントから髙山、箱山の連続タイムリーで2点を追加して、勝負を決めてくれました。髙山のタイムリーは単打でもおかしくなったのですが、果敢な走塁によって二塁まで到達し、箱山の適時打につなげました。

山梨学院戦では、1番・斎藤から4番・箱山までの上位4人で計8安打6打点。日替わりヒーローの出現によって、チームは過去最高タイのベスト4となったのです。

準決勝・星稜戦
――監督のミスを選手たちがカバーしてくれての勝利

健大高崎は、2012年のセンバツ初出場時にベスト4へ進出していますが、あのときと明らかに違うのは、準決勝進出が通過点という意識だったことです。日本一まで、あと2試合をいかにして勝つか。選手、コーチングスタッフを含めて、私たちは優勝にこだわってギアを上げていったのです。

準決勝では、明治神宮大会優勝校の星稜との対戦になりましたが、左手中指を負傷した佐藤が先発を回避して、石垣元気が今大会初先発となりました。しかし、私の采配がちぐはぐで、チームに迷惑をかけてしまうことになります。

1回表、無死一・二塁で3番・高山にバントをさせましたが、キャッチャー前に転がる形で2－5－4（一塁）と最悪のダブルプレーになりました。

攻撃でリズムが作れずにゲームが進むと、2、3回に各1失点して今大会初めてリードを奪われる展開となりました。しかし、4回に加藤大成のタイムリー二塁打で同点に追いつきます。相手の左腕エース・佐宗翼の攻略としては、外角のストレート系のボールとスライダーの見極めを重視していましたが、加藤がツーシームをうまく捉えてくれました。

2対3で迎えた7回には、斎藤がスライダーを強振して右中間を抜くタイムリー三塁打で同点。さらに、高山が外角のストレートに狙いを定めて、レフト線を破る適時二塁打で逆転に成功しました。

最速150キロをマークした石垣は、9安打されながらも7回4失点で役割を果たしてくれて、5対4の8回からストッパーとして佐藤を投入して勝ち切りました。私のミスを選手たちがカバーしてくれて、勝利を収めることができたのです。試合が終わった瞬間、私は涙があふれてきました。選手たちが私を救ってくれた、監督冥利に尽きるゲームでした。

選手たちの力によって決勝進出を決めた健大高崎ですが、決勝戦を語る前にキーマンとなった佐藤龍月、石垣元気、森山竜之輔、箱山遥人という4選手の入学経緯をご紹介したいと思います。

健大高崎日本一へのラストピース
――佐藤龍月

佐藤龍月は、東京城南ボーイズ出身のU－15侍ジャパン代表サウスポーで、全国を通じて2023年度入学世代では、No.1ピッチャーと呼ばれる逸材でした。私も何度か試合を観に行きましたが、インステップながらもしなやかなフォームとスナップやひじの使い方は、天性の素材だと感じました。さらに、ピンチになっても動じないメンタルを備えていたことから「全国制覇」を狙う健大高崎のラストピースになりうる存在だと確信していました。

私たちはここ数年、打撃力に関しては全国レベルに近づいていたと思うのですが、投手力だけが足りませんでした。そんな状況の健大高崎において、佐藤の存在は非常に魅力的でした。

スカウティングは赤堀コーチに任せていたのですが、彼は各大会や練習場に足を運んで誠意を見せてくれました。ほかの高校のスカウトが週3回通えば、赤堀コーチは週4回顔を出すくらい佐藤に惚れ込んでいました。

佐藤は、2学年上の兄・志龍が健大高崎の選手だったので、進路選択のアドバンテージがあると考えていましたが、大阪桐蔭など過去に全国制覇を成し遂げている強豪など、全国の約50校から熱心に誘われていると聞いていたので、正直難しいかなと思っていました。しかしながら、兄がまだ果たしていない全国制覇の夢を継承するという思いや、私たちの野球スタイルに興味を持ってくれて健大高崎進学を決断したようです。

佐藤の入学以降は、ヘッドコーチの立場で投手コーチも兼任する生方部長に育成を任せましたが、入学直後のブルペンでのピッチングを見たコーチ陣から「モノが違う」という情報が上がってきました。健大高崎では、入学直後には基礎を徹底して教え込むのですが、佐藤は別格でした。

生方ヘッドコーチからは「高校世代のサウスポーとしてはすでに完成形で、体幹強化は必要なものの、フォームなどは大きく変えずに彼の長所を生かすべき。佐藤は高校野球で終わる選手ではなく、怪我をさせることなく次のステージに送り出したい」という育成方針が示されました。

私は佐藤のコンディションをコーチ陣と確認した上で、春季関東大会のメンバーに急きょ加えました。入学直後にも関わらず公式戦デビューをさせると、準決勝の専大松戸戦では先発して4回1失点のピッチングを見せてくれました。

そして新チームとなった秋には、エースとしてマウンドに立ちました。センバツ出場当確のベスト4入りがかかった準々決勝の中央学院戦に先発で起用すると、自身初の完投で4対3の勝利に貢献してくれました。

センバツ前の2月には、佐藤を含めた投手陣が初動負荷などのトレーニングを学ぶために、生方ヘッドコーチとともに鳥取のスポーツジム「ワールドウィング」へ研修に行きました。多くの学びと実戦経験を力に変えた佐藤は、センバツでその才能をいかんなく発揮。1、2回戦で好投したあとの準々決勝の山梨学院戦で左手中指のマメをつぶして降板し、準決勝以降のプランが変わるハプニングはありましたが、準決勝の星稜戦は8回、決勝の報徳学園戦は9回から登板してゲームを締めくくってくれました。

準決勝、決勝ともに先発の石垣元気が粘り強いピッチングを見せてくれましたが、私たちの中では最後は佐藤で〝勝つ〟と決めていました。決勝戦では最後の打者を三振に切って取り優勝を決めてくれましたが、ウイニングショットとなった左打者のアウトコースへのスライダーは彼の真骨頂です。佐藤は、センバツ5試合で22イニング無失点の見事なピッチングを披露し、健大高崎を初の日本一へと導いてくれたのです。

沖縄で発掘した北海道選抜の逸材
――石垣元気

2021年12月の健大高崎・沖縄キャンプの際に、離島の久米島で中学生の北海道選抜が大会に参加しているという情報を得ていました。北海道選抜には、世代屈指のサウスポー・下重賢慎（現・健大高崎2年生）が選ばれていたので、視察を兼ねて赤堀コーチと急きょ航空チケットを取って駆けつけました。

下重は評判どおりに将来性の高いピッチャーで、スカウティングリストに入れることをその場で決断しました（2023年春に健大高崎へ入学）。先発・下重が降板したあとには、キャンプ地にトンボ帰りする予定だったのですが、数人のピッチャーが入れ替わり立ち替わりで投げていたので、最後まで見ていくことにしました。

最終回のマウンドに上がったのが〝無名〟の石垣元気でした。当時は身長170センチ前後でひょろりとしたスタイルでしたが、彼のボールを見て赤堀コーチとふたりで驚きました。とにかくボールが速くて、対戦相手の北関東選抜のバッターたちが空振りを連発していました。

こんな選手がいるのかと思って名簿をチェックしてみると、洞爺湖リトルシニア所属となっていました。そのチームは東北福祉大のひとつ下の後輩である若松敦治が監督をしていたので、私はすぐ彼に連絡を取りました。思い返してみると、あのときに久米島へ渡っていなかったら、石垣に声をかけることはなかったでしょう。

翌2023年春に健大高崎に入学した石垣は、身長が178センチまで伸びていました。投球フォームなど修正する余地はあったのですが、ピッチングに迫力があったので、佐藤龍月とコンビを組ませる形でトレーニングを進めました。石垣も佐藤と同様に春季関東大会のメンバーに登録して、準々決勝の帝京戦で先発させると、7回無失点で役割を十分に果たしてくれました。

2024年のセンバツは、佐藤を軸にしながらも石垣とのダブルエース体制で臨むことを決めていました。準々決勝の山梨学院戦で、佐藤が左手の中指を負傷して5回で降板すると、石垣は6回からマウンドに上がって勝利に貢献してくれました。さらに準決勝の星稜戦、決勝の報徳学園戦ではいずれも先発して試合終盤までリードを保ち、リリーフの佐藤へとつなぎました。佐藤の中指負傷によって健大高崎は窮地に追い込まれましたが、最速150キロのダブルエースの一角・石垣元気の存在がチームを救ってくれました。

私たちが久米島に行かなければ、ほかの学校に入学していた可能性が高く、そうなれば健大高崎の日本一もなかったことでしょう。偶然の出会いが石垣をチームに導き、それが日本一へとつながっていったのです。久米島で視察した下重も順調に成長していて、佐藤、石垣、下重の2年生投手陣は間違いなく健大高崎史上最高だと確信しています。

挫折から這い上がった男
——森山竜之輔

U－12侍ジャパンの森山竜之輔は、中学時代に江戸川中央リトルシニアで実績を残した右の大型スラッガーです。同じチームで、箱山遥人もプレーしていました。森山は180センチ105キロのフィジカルで、推定飛距離130メートルのホームランを放つパワーを持っていると聞いていました。彼の存在は、民放のスポーツ番組などでも取り上げられるほど有名でした。

２０２１年度だったと記憶していますが、森山が出場していた中学全国大会が仙台で開催されていたときに、偶然にも仙台育英のグラウンドで健大高崎と仙台育英の練習試合が組まれていて、森山がその試合を見学に来ていました。

事情を知らなかった私は、森山が仙台まで来ていたので仙台育英に入るのかなと思いました。その後も全国の強豪校からオファーが入っていたようで、私自身は「（健大高崎に来るのは）正直、難しいだろうな」と感じていました。

あとで話を聞くと、赤堀コーチが熱意を持って声をかけてくれていたときに、仙台でたまたま健大高崎の試合を観たことで関心が高くなったとのことでした。その後、健大高崎のグラウンドへ見学に来て、最終的にうちを選んでくれたのです。

森山のプレースタイルは「機動破壊」のイメージとはかけ離れているかもしれませんが、２０２１年のチームには小澤周平という優秀なバッターがいて、チームとしても打撃強化にシフトしていた時期でした。「機動破壊」の旗印を掲げる健大高崎ですが、足の速い選手ばかりを集めているわけではありません。常識を打破し、高い志を持ってチャレンジできる選手を、健大高崎は求めているのです。

森山は入学直後の練習試合で、いきなりホームランを打つなど打撃力が極めて高かったので、春季関東大会で起用すると豪快なホームランを放ち最高の高校デビューを果たしてくれました。1年夏も当初はメンバーに入っていたのですが、守備にやや不安があったので最終的にはメンバーから外れました。

中学までスター選手として、挫折を経験したことがなかったと思うので、森山にとっては苦しい時期だったと思います。過去に私は、中学時代に実績を持った選手が伸び悩む姿を多く見てきました。しかし、森山はBチームに落とされても、必死に食らいついてきました。そして、泥だらけの森山をコーチ陣がしっかり見守ってくれていました。

2023年の秋季関東大会の準々決勝・中央学院戦では、森山の執念の同点タイムリーが勝利につながり、センバツ出場へと大きく前進しました。ライト前に落ちる決してきれいなヒットではなかったのですが、チームにとっては値千金の一打でした。

センバツでは、準決勝までの打率が1割にも届かなかったのですが、私は決勝でも5番の打順を変えませんでした。彼の努力をずっと見てきていたので、最後に何かをやってくれるのではないかと思ったのと、調子の悪いバッターがクリーンアップにいるのは、相手ピッチャーに対して逆にプレッシャーを与えられるのではないかと考えたからです。

決勝の大舞台では、2点を先制された直後の1回裏に、森山がレフトオーバーの2点同点タイムリー二塁打を放ち、嫌なムードを払拭してくれました。1点リードで迎えた9回一死からの一塁ゴロが、イレギュラーして難しいタイミングになったのですが、ファーストの森山が頭からベースに飛び込み、間一髪でアウトにしました。あの場面が、健大高崎での彼の一番の成長だったと私は思っています。

健大高崎を支える最高の主将
——箱山遥人

日本一を果たした健大高崎を語る上で、キャプテン・箱山遥人の存在は欠かせません。箱山は江戸川中央リトルシニア出身で、森山竜之輔のチームメイトでした。実は箱山が中学3年生のときに、ほかの全国的な強豪校に進学する話が進んでいたようですが、健大高崎のグラウンドへ見学に来て、うちに興味を持ってくれたのです。このとき、箱山の目力《めぢから》がとても強かったことが印象に残っています。

箱山は、リーダーシップあふれる強肩強打のキャッチャーで、健大高崎では1年秋からレギュラーとしてプレーし、2023年のセンバツ1回戦・報徳学園戦でもマスクをかぶりました。2年生キャッチャーとして臨んだ2023年夏は、準決勝で桐生第一に敗れて夏の甲子園出場は果たせませんでした。勝利への手応えはあったのですが、何かが足りずに準決勝で姿を消すことになってしまいました。

センバツには7度出場している健大高崎ですが、夏は2015年を最後に甲子園には届いていません。毎年のように優勝候補に挙げてもらうのですが、なぜか夏に勝てないのです。

新チームの主将となった箱山は、選手ミーティングを実施して、仲間たちとこの現状について何度も議論を重ねていきました。そして、チームに足りないのは「泥臭さ」と「執念」だったと気づいたようです。

こうして、新チームは箱山を軸に「一瞬」「一球」「一打」「一勝」にこだわって始動しました。ところが、夏の北海道合宿に向かうフェリーで、箱山にアクシデントが起こりました。太平洋沖で虫垂炎の痛みに襲われて、海上保安庁の支援で緊急搬送されたのです。箱山の合流が遅れた影響もあり、チームは8月上旬の地区大会で東農大二に敗戦。

公式戦最初の試合で、屈辱を味わうスタートになりました。

この頃の箱山は、キャプテンとしてチームを牽引しながらも、個人の調子が上がらず苦しい時間を過ごしていました。9月の中旬には、彼が監督室に来て「キャプテンを降ろしてほしい」と訴えてきました。本人としても悩みに悩んだ末、私に伝えに来たのだと思います。コーチ陣にも相談していたようですが、私は「お前がやるんだ」と即答して、突き返しました。「わかった。一度キャプテンを交代しよう」という答えを箱山は期待していたと思うので、私の返事は心ない対応に感じたかもしれません。

しかし、箱山は苦悩の時間を乗り越えてチームを秋季県大会優勝へと導き、センバツ出場がかかった秋季関東大会では、ベスト4進出を成し遂げてくれました。準々決勝の中央学院戦を4対3で逃げ切ったあと、箱山はその場で泣き崩れていましたが、その背景にはこういった出来事があったのです。私がキャプテンを変更していれば、健大高崎の日本一はなかったことでしょう。

今回のセンバツ優勝においては、生方ヘッドコーチと木村バッテリーコーチ、そして主将で捕手の箱山との綿密なコミュニケーションがすべてでした。3人は試合後の宿舎で、相手チームの映像を見ながら、打者の特徴を徹底的に分析していました。勝負所で

6
5
12

の配球は、すべてミーティングでの分析に裏づけされたものでした。

センバツ5試合を通じて、箱山自身のバッティングはベストではありませんでしたが、準々決勝の山梨学院戦では主導権を手繰り寄せる2点三塁打を放つと、準決勝の星稜戦では3安打1打点1得点と結果を残しました。決勝の報徳学園戦でも初回のヒットでチャンスを広げ、森山の同点タイムリーにつなげました。印象的だったのは、当たり損ねのピッチャーゴロでの全力疾走です。キャプテンの泥臭いプレーが、健大高崎の戦いを象徴していました。

箱山は、チームメイトとともにセンバツでの日本一を成し遂げましたが、春の日本一が通過点に過ぎないことを本人が一番よく理解しています。この先に訪れるであろう経験したことのない重圧の中で、箱山がどれだけ強くなれるか。彼の成長を、私自身が一番楽しみにしています。

決勝・報徳学園戦
——大会No.1右腕を攻略し、ダブルエースのリレーで日本一に！

決勝の報徳学園戦は、大会途中の雨天中止の影響で準決勝から連戦となりました。健大高崎は、佐藤龍月の左手中指が完治していない状況だったので、投手陣については総力戦になると考えていました。

うちにとって、報徳学園は前年度のセンバツ初戦で敗れている相手で、そのまま勝ち上がった報徳学園は準優勝の好成績を残しています。今春も投打に充実した戦力を備えるチームは、準々決勝で大阪桐蔭、準決勝では中央学院に勝利して決勝まで進んできました。

ダブルエースの一角である今朝丸裕喜投手は、最速149キロの大会No.1右腕で変化球のクオリティーも高く、決め球には鋭く落ちるフォークがあります。私たち健大高崎としては、追い込まれる前に狙い球を絞り、しっかりと振っていくことをチーム全体に求めました。

報徳学園の守備は、非常にハイレベルで崩れることは想定できませんでした。決勝戦のプランは3点勝負。私たちが3失点以上を喫すれば、勝機は下がると考えてゲームに入っていきました。

2戦連続で先発の石垣の立ち上がりが大切でしたが、ヒットと四球で二死一・二塁のピンチを招くと、相手の5番・安井康起選手に一塁線を抜かれてしまいます。ライトからの送球が逸れる間に、一塁ランナーまでホームに還ってきて2点を失いました。3点以内のゲームプランを想定していたのに、初回でいきなりの2失点。難しいゲーム展開となりました。

しかし、そんな嫌な雰囲気を吹き飛ばしてくれたのが森山でした。森山は二死一・二塁の好機で打席に立ちましたが、準決勝までの4試合は14打数1安打で打率は・071。ここまで、日替わりヒーローが生まれてきたチームで、森山はまだ結果が出ていませんでした。私自身も現役時代、同じタイプのバッターだったので彼の気持ちはよく理解できました。

森山なら、どこかで必ずチームに貢献してくれると信じていましたが、初球のインコースのストレートを強振して、レフトの頭上を越える値千金の適時二塁打を放ちます。

私たちは、眠れる獅子の一打によって、ゲームを振り出しに戻しました。

さらに、3回には斎藤の三塁打でチャンスを演出すると、高山の右前適時打で1点を勝ち越します。森山、高山のタイムリーは、いずれもチームとして狙っていた早いカウントにおけるストレートで、木村バッテリーコーチの分析データが効力を発揮しました。

3回を終えて3対2。ここからは生方ヘッドコーチと、キャッチャー・箱山の連係がすべてでした。先発の石垣は、再三に渡ってスコアリングポジションにランナーを送られましたが、執念のピッチングと箱山の好リードによってピンチを回避していきます。

生方ヘッドコーチは、石垣を打者2巡目までと考えて継投プランを頭に入れていました。毎回ベンチでは、生方ヘッドコーチと箱山が石垣の状態を確認し合って、交代のタイミングを考えていました。石垣の状態を一番理解するふたりに「すべて任せる」と伝えて、私は敢えて黙っていました。私が冷静さを失い慌ててしまえば、ゲームに悪い影響を及ぼすからです。

6回にはノーアウト一・三塁という最大のピンチを迎えましたが、内野の好守備と2三振で危機を脱しました。石垣はベンチの心配をよそに7、8回を三者凡退でしのいで大役を果たしてくれました。

9回からは、佐藤をマウンドに送ってゲームの仕上げに入りました。しかし、佐藤は二死から四球を与えると、代走に二盗を決められて二死二塁の一打同点のピンチを迎えました。決勝の舞台である甲子園は、地元・報徳学園の応援に迫力があって独特のムードになっています。「甲子園には魔物が棲む」と何度も聞かされていましたが、その言葉が一瞬、私の頭をよぎりました。

しかし、健大高崎の選手たちは、私が想像していた以上にたくましかったです。優勝がかかった場面でも、それぞれが動じずに目の前のプレーに集中していました。そして、二死1ボール2ストライクから、佐藤のスライダーが外角に決まって空振り三振でゲームセット。健大高崎の悲願の日本一が決まった瞬間でした。

多くのみなさまの支援のおかげで叶った日本一

2002年の創部当初、30歳の新人監督だった私は、自身の未熟さと未来の見えない野球部の現状に絶望を感じて、ひとりアパートでむせび泣いたこともありました。あれから22年、多くの方々の協力によって健大高崎は日本一になることができました。

選手たちの戦いをねぎらう大きな拍手の中で、甲子園に「Be Together!」の校歌が流れると、私はあふれる涙を止めることができませんでした。23年前の２００１年に同好会としてスタートして、翌２００２年に野球部が誕生しました。指導者として力のない私を信じてついてきてくれた多くのＯＢ、そして支えてくれた学校関係者のみなさまの顔が思い浮かんで涙が止まらなかったのです。

当たり前の話ですが、日本一は自分ひとりでできたものではなく、多くの方々の支援によって成し遂げたものです。センバツ１００年の記念の年に「高崎から日本一」という目標が達成できて、私は本当にうれしかったです。

群馬県のシンボルに「上毛三山《じょうもうさんざん》」と総称される赤城山、榛名山、妙義山があるのですが、健大高崎クリーンアップの「高山」「箱山」「森山」は、スコアボードに3つの「山」が並ぶことから「上毛三山打線」と呼んでもらっていました。

甲子園のスコアボードには、５試合すべてで3つの「山」が並びましたが、あの光景を見て私は甲子園にいながらも、ふるさとの群馬を思い出していました。今大会では、なかなか5番・森山の調子が上がらず、打線の組み替えも私の頭をよぎったのですが、いつかは打ってくれるという思いと、秋季大会からずっと「上毛三山打線」で勝ってきたので、センバツでは縁起をかつぐという意味もあって打順は変えませんでした。そして、決勝では3人が得点に絡んでくれて「上毛三山打線」によって勝利をつかむことができたのです。

私自身、群馬で生まれ育ち、群馬のチームに育ててもらい、群馬の指導者の教えを受けてきました。監督就任からずっと、健大高崎という群馬県のチームを強くしたいという一心で頑張ってきましたが、センバツでは群馬の力が私たちに勝利を呼び込んでくれたと思っています。

最後になりましたが、私たちを支えてくれた群馬県民のみなさまにも感謝を申し上げます。

KENDAI
BASEBALL TEAM

健大高崎チームスローガン 11

来る人 来る人 福の神

埼玉県熊谷市にある人気居酒屋「甲子園第二球場」のマスターの橋本哲夫さんが教えてくれた言葉ですが、もともとは京都のお寺に書かれている名言と聞きました。原文は「来る人も　又来る人も　福の神」。野球のボールをイメージした看板が特徴の居酒屋で、ご縁があってお店に行ってからお付き合いが続いています。

マスターから多くの言葉を教えてもらっているのですが、そのうちのひとつが「来る人　来る人　福の神」です。健大高崎のグラウンドには、野球関係者など多くの方々が足を運んでくれています。私がスタッフやマネージャーに伝えているのは、お客さんが福を持ってきてくれるということです。

健大高崎が日本一を達成できたのは、情熱を持った多くの選手が入学してきてくれて、多くの方々に支えられてきたからです。日本一を達成したからといって門戸を閉ざすのではなく、これからも多くの人たちから学び、成長していきたいと思います。

健大高崎チームスローガン 12

周りの人を味方にできる人間でないと、最強にはなれない

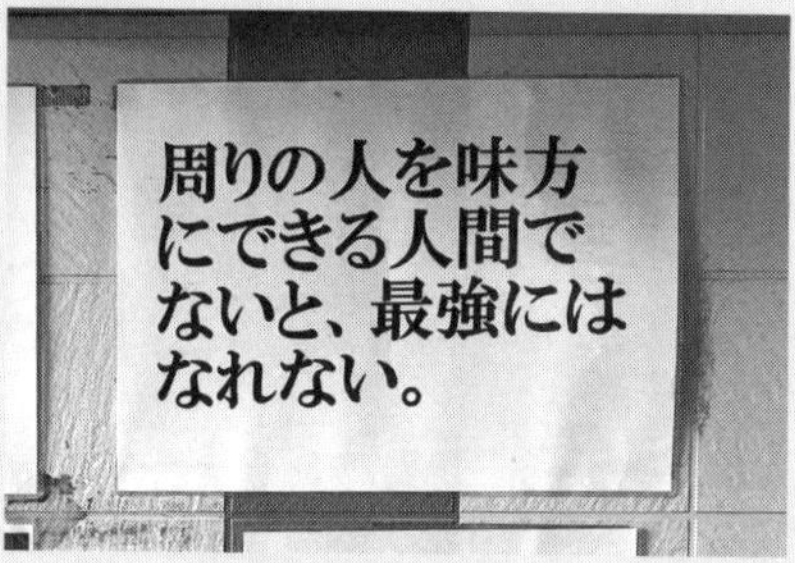

「周りの人を味方にできる人間でないと、最強にはなれない」

このフレーズをトイレに貼っています。野球はひとりで戦うスポーツではありませんし、人をホームに還すことで得点が生まれます。仲間とともに戦う際には、ときには仲間を助け、ときには失敗をカバーしてもらう必要があります。

そのためには、周囲の人を味方にしていかないといけません。「無敵」とは最強ではなく、敵を作らないという意味だと捉えています。周りがすべて味方であれば、おのずと敵はいなくなります。仲間を愛し、仲間から愛される選手になってほしいと考えています。

おわりに

健大高崎野球部は、2024年の第96回選抜高等学校野球大会で初優勝を飾ることができました。私は、2002年の野球部創部時に教員として採用されて、野球部監督を任せていただきました。

創部22年での日本一は、須藤賢一理事長、磯貝昭夫副理事長、加藤陽彦学校長、倉持純晃後援会長、故・久保田利雄前後援会事務局長、倉持雄太OB会長をはじめ学校・チーム関係者の方々や、創部当時から選手を送っていただいたボーイズリーグ群馬県支部の岩瀬正男支部長をはじめとする、群馬県内・県外の中学野球関係者のみなさまのご支援と、これまで健大高崎のユニホームに袖を通した選手たちの努力による賜物であり、巻末にはなりますが改めて感謝を申し上げます。

また「機動破壊」を健大高崎に導入し、いまのチームの礎を築いてくれた葛原美峰先生や葛原毅元コーチほか、松本浩和元コーチ、故・武部董トレーナー、故・仲村雅則関西渉外担当、沼田雄輝元コーチら歴代の多くのコーチ・関係者にも感謝の気持ちを伝えたいと思います。

センバツの優勝直後に、竹書房の鈴木誠編集から書籍発行の打診を受けました。私自身、未熟者で書籍を記せるような立場ではありませんが、健大高崎野球部の軌跡とありのままのチームの姿を広く知ってもらえればと考えて、恐縮ながらお受けすることになりました。

健大高崎は「機動破壊」の旗印が浸透し、機動力を生かした戦術面をクローズアップしていただく機会が多いのですが、プロ選手養成学校ではありません。「不如人和」を部訓とし、人の和を大切にしながら切磋琢磨していくチームです。部室の前には、日本学生野球憲章前文を掲示していますが、私たちは「教育理念に立って行う教育活動の一環」として高校野球に向き合っています。

今回の出版作業は、創部当初からの出来事を振り返るいい機会になったのですが、多くの方々からいただいた金言の数々を土台として、チームが築かれてきたことが改めてわかりました。また、急きょ決まった出版の編集・構成作業を、時間がない中不眠不休でやりきってくれた伊藤寿学さんにも、ここに感謝の意を申し伝えます。

中学時代の恩師・宮崎一先生から届いた「正々堂々」「公正公平」の言葉。前橋商時代の恩師・東野威先生から日々伝えられた「継続は力なり」という教え。そして、創部当初に支援してくださった元東農大二監督・齋藤章児先生からの助言である「不如人和」。これらのありがたいお言葉は、すべてグラウンドに掲示していますが、価値ある指針が私を支えてチームに大きな力を与えてくれました。

春夏通算10度目の甲子園出場で、幸いにも日本一を達成することができましたが、帰郷後にJR高崎駅、高崎市役所、そして学校で出迎えてくださった多くのみなさまの笑顔と歓声を、私は決して忘れることはないでしょう。この本が健大高崎という学校、野球部の価値を高めてくれる一助になれば幸いです。

最後になりましたが、創部当初から変わらずチームを応援してくれているファンのみなさまに、感謝の気持ちを伝えたいと思います。

いままで長い間、本当にありがとうございました。

2024年6月

高崎健康福祉大学高崎高等学校　硬式野球部監督　青柳博文

勝てる組織の作り方
「機動破壊」から「組織破壊」へ

2024年7月26日　初版第一刷発行

著　　者／青栁博文

発　　行／株式会社竹書房
〒102-0075 東京都千代田区三番町8-1
三番町東急ビル6F
email：info@takeshobo.co.jp
URL　https://www.takeshobo.co.jp

印 刷 所／共同印刷株式会社

カバー・本文デザイン／轡田昭彦＋坪井朋子
カバー写真／アフロ（スポニチ）
本 文 写 真／株式会社若草印刷（吉田順・茂木良昭）・森田威志・倉持雄太・伊藤寿学ほか
特 別 協 力／生方啓介・岡部雄一・倉持雄太
取 材 協 力／健大高崎野球部
編集・構成／伊藤寿学
編 集 協 力／株式会社beat writer（福岡春菜・冨田尚美）

編　集　人／鈴木誠